"十二五"职业教育国家规划教材
经全国职业教育教材审定委员会审定

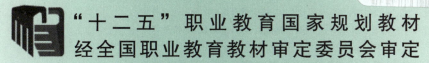

物流客户服务

Wuliu Kehu Fuwu

（第二版）

郑 彬 程 明 主编

高等教育出版社·北京

内容简介

　　本书是"十二五"职业教育国家规划教材,依据教育部《中等职业学校物流服务与管理专业教学标准》编写,并结合物流行业的新发展、新情况修订而成。

　　本书主要内容包括:走近物流客户服务、走进物流企业的客服部门、培养物流客户服务基本礼仪与沟通能力、收集物流客户信息和管理档案、处理客户订单业务与投诉、维护客户关系与客户关系管理系统以及客户分类与大客户管理。

　　为更好地助教助学,本书配有二维码资源和Abook教学资源。

　　本书可作为中等职业学校物流服务与管理专业教材,也可作为物流从业者的培训或参考用书。

图书在版编目(ＣＩＰ)数据

　　物流客户服务/郑彬,程明主编.--2版.--北京:
高等教育出版社,2020.12
　　ISBN 978-7-04-055158-7

　　Ⅰ．①物…　Ⅱ．①郑…　②程…　Ⅲ．①物流企业 - 客
户 - 销售服务 - 中等专业学校 - 教材　Ⅳ．①F253

　　中国版本图书馆 CIP 数据核字(2020)第 192732 号

| 策划编辑　黄　静 | 责任编辑　黄　静 | 封面设计　杨立新 | 版式设计　于　婕 |
| 插图绘制　于　博 | 责任校对　刁丽丽 | 责任印制　韩　刚 | |

出版发行	高等教育出版社		网　　址	http://www.hep.edu.cn
社　址	北京市西城区德外大街 4 号			http://www.hep.com.cn
邮政编码	100120		网上订购	http://www.hepmall.com.cn
印　刷	北京印刷集团有限责任公司			http://www.hepmall.com
开　本	787mm×1092mm　1/16			http://www.hepmall.cn
印　张	10.75		版　次	2015 年 7 月第 1 版
字　数	240 千字			2020 年 12 月第 2 版
购书热线	010-58581118		印　次	2020 年 12 月第 1 次印刷
咨询电话	400-810-0598		定　价	27.70 元

出版说明

教材是教学过程的重要载体,加强教材建设是深化职业教育教学改革的有效途径,是推进人才培养模式改革的重要条件,也是推动中高职协调发展的基础性工程,对促进现代职业教育体系建设,提高职业教育人才培养质量具有十分重要的作用。

为进一步加强职业教育教材建设,2012年,教育部制订了《关于"十二五"职业教育教材建设的若干意见》(教职成〔2012〕9号),并启动了"十二五"职业教育国家规划教材的选题立项工作。作为全国最大的职业教育教材出版基地,高等教育出版社整合优质出版资源,积极参与此项工作,"计算机应用"等110个专业的中等职业教育专业技能课教材选题通过立项,覆盖了《中等职业学校专业目录》中的全部大类专业,是涉及专业面最广、承担出版任务最多的出版单位,充分发挥了教材建设主力军和国家队的作用。2015年5月,经全国职业教育教材审定委员会审定,教育部公布了首批中职"十二五"职业教育国家规划教材,高等教育出版社有300余种中职教材通过审定,涉及中职10个专业大类的46个专业,占首批公布的中职"十二五"国家规划教材的30%以上。我社今后还将按照教育部的统一部署,继续完成后续专业国家规划教材的编写、审定和出版工作。

高等教育出版社中职"十二五"国家规划教材的编者,有参与制订中等职业学校专业教学标准的专家,有学科领域的领军人物,有行业企业的专业技术人员,以及教学一线的教学名师、教学骨干,他们为保证教材编写质量奠定了基础。教材编写力图突出以下五个特点:

1. 执行新标准。以《中等职业学校专业教学标准(试行)》为依据,服务经济社会发展和产业转型升级。教材内容体现产教融合,对接职业标准和企业用人要求,反映新知识、新技术、新工艺、新方法。

2. 构建新体系。教材整体规划、统筹安排,注重系统培养,兼顾多样成才。遵循技术技能人才培养规律,构建服务于中高职衔接、职业教育与普通教育相互沟通的现代职业教育教材体系。

3. 找准新起点。教材编写图文并茂,通顺易懂,遵循中职学生学习特点,贴近工作过程、技术流程,将技能训练、技术学习与理论知识有机结合,便于学生系统学习和掌握,符合职业教育的培养目标与学生认知规律。

4. 推进新模式。改革教材编写体例,创新内容呈现形式,适应项目教学、案例教学、情景教学、工作过程导向教学等多元化教学方式,突出"做中学、做中教"的职业教育特色。

5. 配套新资源。秉承高等教育出版社数字化教学资源建设的传统与优势,教材内容与数字化教学资源紧密结合,纸质教材配套多媒体、网络教学资源,形成数字化、立体化的教学资源体系,为促进职业教育教学信息化提供有力支持。

为更好地服务教学,高等教育出版社还将以国家规划教材为基础,广泛开展教师培训和教学研讨活动,为提高职业教育教学质量贡献更多力量。

高等教育出版社

2015 年 5 月

第二版前言

本书第一版从 2015 年出版以来，受到了广大职业院校师生的欢迎和好评。近几年来，随着物流业的蓬勃发展，客户对物流行业从业者的服务意识提出了更高的要求，越来越多的物流企业将服务作为企业的核心竞争力来发展。企业对员工的物流服务意识和理念逐渐清晰和具体化，为更好地培养合格的物流从业者，我们对本书进行了修订。

本次的修订保留了原版本的编写体例和基本内容，结合物流行业的新发展、新情况进行了修订，更新了教学案例，并将一些课堂活动具体化，方便教师进行课堂教学活动，提高课堂效率。

本次修订将正文中的"任务评价"部分作为附录放在全书最后，但须说明的是，任务评价是不可缺少的教学环节之一，请授课教师在教学中自行添加，并可根据实际教学情况修改评价指标和评价标准。

为更好地助教助学，本书配有二维码教学资源和 Abook 教学资源。

本课程建议学时为 72 学时，学时分配建议同第一版。

本次修订由武汉市财政学校郑彬、程明担任主编，参加修订的老师有：程明（项目一）、广州市财经职业学校刘佳苏（项目二）、武汉市东西湖职业技术学校管黎琳（项目三）、合肥市经贸旅游学校章华锋（项目四）、大连市经济贸易学校高巍（项目五、项目六）、武汉市财政学校殷鹏程（项目七），荆州市活力二八家化有限公司供应链部物流计划经理邹祥云参与了修订提纲的讨论并提供了部分案例。

由于时间仓促，加之作者水平有限，本书难免疏漏之处。恳请广大读者批评指正，读者意见可发送至邮箱：zz_dzyj@ pub. hep. cn。

物流客户服
务课程认知

编　者

2020 年 5 月

第一版前言

本书是"十二五"职业教育国家规划教材,依据教育部《中等职业学校物流服务与管理专业教学标准》,并参照物流采购与联合会《中等职业学校物流服务与管理专业课程标准》编写。

物流客户服务是一门应用型学科,从 2005 年首次出现在中职学校物流服务与管理专业课程体系中至今已近 10 年,笔者作为我国第一本中等职业学校《物流客户服务》教材的作者,亲身体验了本学科从无到有,从幼稚到成熟的过程。作为中等职业学校物流专业的学生,非常有必要系统学习、了解有关物流客户服务的知识,提高对物流客户服务的认识,系统掌握物流客户服务流程,并将物流客户服务理论与方法应用于生产实践。

10 年来,《物流客户服务》教材在全国物流服务与管理专业一线教师的呵护下,曾经修订出版,但课程体系与第一版基本相同,而随着职业教育教学改革的深入,广大教师在一线通过挂职锻炼,对物流企业客户服务的认识有显著提高,加上《中等职业学校物流服务与管理专业教学标准》的研制与颁布,笔者与合作者一道在企业专家的指导下,依据2014 版《中等职业学校物流服务与管理专业教学标准》重构《物流客户服务》教材体系,突破传统学科体系,以物流企业客户服务岗位能力要求为主线,通过 7 个项目 20 个任务将物流企业客户服务岗位的应知应会融入其中。

本书内容上以《中等职业学校物流服务与管理专业教学标准》中《物流客户服务》课程培养目标及核心能力为指导,紧紧围绕物流企业客户服务及相关岗位能力要求的核心,以行动导向教育理念为指导,贴近物流企业工作实际,每个项目下的任务都具有很强的可操作性,方便教师组织理实一体化的教学。

本书的体例是在 7 个项目下,设置了 20 个任务,每个具体任务由以下板块组成。

任务描述:本书通过在任务中创设教学情境引入具体任务。所有情境均是由两名中职生在学习中遇到的问题出发,引出学习任务,旨在帮助教师开展任务引领式教学。

任务实施:介绍完成任务过程中学生应该具备的理论知识和具体生产实践技能,并阐述小组活动内容、活动要求、活动步骤等。

任务评价:阐明具体教学活动如何考核。

应用训练:指导学生拓展训练。

拓展提升:用生动案例或是行业相关知识介绍,为学有余力的学生提供自主学习素材。

每个项目后面的巩固提高,通过单选、多选、判断及简答等题型的习题,帮助学生巩固所学知识,自我检查任务完成情况。

为更好地助教助学,本书配有《物流客户服务学习指导与练习》和多媒体教学课件。

本书建议学时为 72 学时,具体学时分配建议见下表。

序号	项目	参考学时
1	项目一　走近物流客户服务	8
2	项目二　走进物流企业的客服部门	12
3	项目三　培养物流客户服务基本礼仪与沟通习惯	8
4	项目四　收集物流客户信息和管理档案	12
5	项目五　处理客户订单业务与投诉	10
6	项目六　维护客户关系与客户关系管理系统（CRM）	12
7	项目七　客户分类与大客户管理	10
合　计		72

本书由武汉市财政学校郑彬担任主编，浙江省公路技师学院王妙娟任副主编，参加本次编写的有：武汉市财政学校郑彬（项目一）、广州市财经职业学校刘佳苏（项目二、项目七）、浙江省公路技师学院王妙娟（项目三）、合肥市经贸旅游学校章华锋（项目四）、大连市经济贸易学校高巍（项目五、项目六），全书由郑彬统稿与总纂。

本书在编写过程中，得到环众软件（上海）有限公司董事长蓝仁昌博士指导，他还对本书进行了细致审稿，提出许多宝贵意见，在此表示衷心感谢。本书成稿后，在武汉市财政学校试用，得到物流教研室同仁无私帮助，共同撰写了配套教案，在此一并表示感谢。

本书可以作为中等职业学校物流服务与管理、电子商务、连锁经营等相关专业的教学用书及参考用书，也可作为物流企业从业人员岗位培训教材和自学用书。

由于作者水平有限，书中错漏之处在所难免，恳请广大读者斧正。读者意见可发至邮箱：zz_dzyj@ pub. hep. cn.

编　者

2015 年 5 月于武汉

本书配套的数字化资源获取与使用

二维码教学资源

　　本书配有教学视频等资源,在书中以二维码形式呈现。扫描书中的二维码进行查看,随时随地获取学习内容,享受立体化阅读体验。

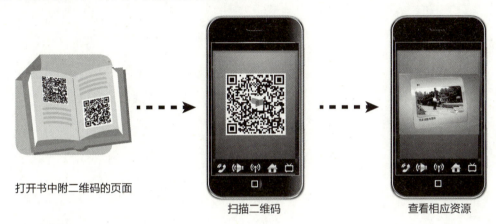

打开书中附二维码的页面　　　　扫描二维码　　　　查看相应资源

Abook 教学资源

　　本书配套 PPT、授课教案等教学资源,请登录高等教育出版社 Abook 网站 http://abook.hep.com.cn/sve 获取。详细使用方法见本书"郑重声明"页。

注册　　　　　　　登录　　　　　　绑定课程

访问网站 abook.hep.com.cn/sve　　需匹配用户名、　　　　输入教材封底所附学习卡
自行设定用户名、密码,留下常用邮箱　密码、验证码　　　　上的密码,免费获取资源

扫码下载 App

目　　录

项目一　走近物流客户服务

项目目标

1. 理解客户、物流服务和物流客户服务的含义。
2. 能概述物流客户服务的要素。
3. 能归纳物流客户服务的特点和作用。
4. 理解物流客户需求的含义及其影响因素。
5. 认识典型行业物流客户需求。
6. 熟悉典型的客户服务战略。

任务一　认识物流客户

任务描述

李均和王武钢是某职业学校物流专业学生,学习了一学期"物流基础"课程后,第二学期将开始学习"物流客户服务"课程。上课前李均对王武钢说:"搞不懂,物流客户服务有什么好学的,就是教我们怎么打电话吗?"王武钢边翻书边回答:"没那么简单吧,一会儿老师上课就清楚了。"

物流客户是谁? 物流客户服务的内容是什么? 让我们带着这些问题走近物流客户服务,一同去了解物流客户服务。

任务目标

1. 能描述物流服务的内容。
2. 理解物流客户服务内涵。
3. 能概述物流客户服务的要素。
4. 能归纳物流客户服务的特点和作用。

任务实施

一、知识准备

(一) 物流服务的含义

物流服务是指物流企业为其他需要物流服务的机构与个人提供的所有服务活动。换句话说,物流服务是物流企业按照货主的要求,为克服货物在空间和时间上的间隔而提供的服务产品。

物流服务的目的是满足货主需求,保障供给。物流服务的宗旨是在服务数量与质量上都要使货主满意。具体体现为,数量上满足货主适量性、多批次、广泛性(场所分散)等需求,质量上满足货主安全、准确、迅速、经济等要求。

(二) 物流服务的内容

物流服务就是物流企业"生产"的产品,物流企业服务的本质是满足客户的物流需求。

1. 基础物流服务

(1)运输与配送。运输是指商品或生产资料在空间的实体转移过程,它克服了生产者(供给者)与消费者(需求者)之间的空间距离,创造商品的空间效用。运输是物流企业的核心环节,无论是企业的输入物流还是输出物流,都是依靠运输来实现商品的空间转移。可以这样说:没有运输,就没有物流,也就没有物流服务。而一个国家或地区要提升物流业在当地经济领域中的地位,就要降低物流成本在国内生产总值(GDP)中所占的比重,建立一个四通八达、畅通无阻的运输线路网。

在商品和生产资料由其生产地通过地区流通仓库或配送中心发给用户的过程中,由生产地至配送中心之间的商品空间转移,称为"运输";而从配送中心到用户之间的商品空间转移,则称为"配送"。

(2)储存与保管。现实生活中,生产厂家生产产品的时间与消费者消费的时间之间总有一段时间间隔,季节性生产与消费的产品尤为显著。另外,为了保证再生产过程的顺利进行,企业也需要在供、产、销各个环节中保持一定的储备。储存与保管就是将商品的使用价值和价值保存起来,克服由于商品生产与消费在时间上的差异而造成的商品减值,创造商品的时间效用。储存与保管是物流服务的一项重要内容。为储存与保管商品,需要建立相应的仓库设施。用于商品的聚集和分散的基地或进行短期储存与保管的流通仓库就是人们熟悉的配送中心。

(3)装卸搬运。装卸搬运是物流作业过程中伴随运输和保管而附带产生的物流服务活动,如装车(船)、卸车(船)、入库堆码、出库及连接以上各项活动的短距离搬运。在企业生产过程中,材料、零部件、产成品等在各仓库、车间、工序之间的传递转移也包括在物料搬运的范畴之内。企业为了提高装卸搬运作业的效率,减轻体力劳动强度,常需配备一定的装卸搬运设备。

(4)包装。商品包装能保护商品在流通过程中不受毁损并一直保持完好,以便销售和运输、保管。将商品分装为一定的包装单位以及为保护商品免受毁损而进行包装,都是物流服务的内容。

(5)流通加工。流通加工是指商品在流通过程中为满足客户的需要而进行的必要的加工,如切割、平整、套裁、配套等。

(6)物流信息。在物流服务过程中,伴随着物流服务的进行,会产生大量反映物流服务过程的关于流向、流量、库存量、物流费用、市场动态等数据,并不断传输与反馈,形成信息流。信息流是现代物流企业实现优质服务的基础。利用计算机技术对物流服务的数据进行收集、传输、储存、处理和分析,为企业提供迅速、正确和完整的物流服务信息,有利于企业及时了解和掌握物流服务进程,作出正确决策,协调各业务环节,有效地计划和组织商品的实物流通。

上述六项内容中,运输与配送、储存与保管是物流服务的中心内容。其中,运输与配送是物流体系中所有动态内容的核心,储存与保管则是唯一的静态内容。物流服务的装卸搬运、包装、流通加工与物流信息则是物流的一般内容。它们的有机结合构成了一个完整的物流服务体系。

2. 增值物流服务

增值物流服务是指在完成物流基本功能基础上,根据客户个性化的需求提供的各种延伸业务活动。

(1) 仓储型增值服务。依据第三方物流企业本身拥有的仓储设施开展增值服务,为客户提供货物检验、安装、简单加工服务;配合客户营销计划进行产品的重新包装和产品组合服务;为客户提供便利服务(如为商品打价格标签或条形码)和商品追踪服务;为特殊客户提供低温冷藏等特殊需求的服务;为客户提供存货查询功能、建立缓冲仓库等。

(2) 配送型增值服务

① 结算功能,从事代理、配送的情况下,物流中心还可替货主向收货人结算货款等。

② 需求预测功能,物流中心可根据物流中心商品进出货信息来预测未来一段时间内的商品进出库量,进而预测市场对商品的需求,然后将市场信息反馈给客户。

③ 物流系统设计咨询功能。

④ 物流教育与培训功能,通过向货主提供物流培训,提高货主的物流管理水平,可以将物流配送中心经营管理者的需求传递给货主,也有利于确立物流作业标准。

(3) 融通仓增值服务。"融"指金融,"通"指物资的流通,"仓"指物流的仓储。融通仓是由物流企业和银行提供的一种金融与物流集成服务,除了提供委托监管存货质押融资外,还可以提供信用担保融资。它是融、通、仓三者的有机集成、统一管理和综合协调,是一种把物流、信息流和资金流综合管理的创新服务。其内容包括物流服务、金融服务、中介服务、风险管理服务以及这些服务间的组合与互动。

(三) 物流服务的特点

从物流服务的本质和内容来看,它与其他服务行业相比有许多不同之处。具体来讲,物流服务有以下五方面特点:

1. 从属性

客户物流服务需求不是凭空创造出来的,而是以商流的发生为基础,伴随着商流的发生而产生的。基于客户的需求而提供的物流服务,具有明显的从属于客户物流系统的特征。这主要表现在,处于需方的客户,对于流通的货物种类、流通的时间、采取的流通方式等都由自己选择和决定,甚至是自行提货还是靠物流配送也由自己选定。而处于供方的物流企业,则是按客户的需求,被动地提供服务。这在客观上决定了物流企业提供的物流服务具有从属性,受客户的制约。

2. 即时性和非储存性

物流企业生产的是一种无形产品——物流服务,这种产品是一种伴随销售和消费同时发生的即时服务,具有即时性和非储存性的特征。通常情况下,有形的产品需要经过生产、储存、销售才能完成交换过程,而物流服务的特性决定了它的生产伴随着销售,而不需要储存环节进行调整。

3．移动性与分散性

物流服务的对象分布广泛，具有不固定的特点，所以物流服务具有移动性以及面广、分散的特征。由此往往会产生局部的供需不平衡，给物流企业经营管理带来一定的难度。

4．需求的波动性

物流企业在经营上常常出现劳动效率低、费用高的情况，这是因为物流服务的对象多而又难以固定，客户需求方式和数量往往又是多变的，有较强的波动性，易造成供需不平衡。

（四）物流服务的作用与地位

1．物流服务的作用

物流服务主要是围绕着客户所期望的备货保证、输送保证、质量保证而展开的，如图1-1所示，物流服务的构成要素反映了物流服务在企业经营过程中的重要性。特别是随着电子商务的发展，企业间的竞争已不再受地域的限制，其竞争的焦点将是物流服务，如商品配送服务等。

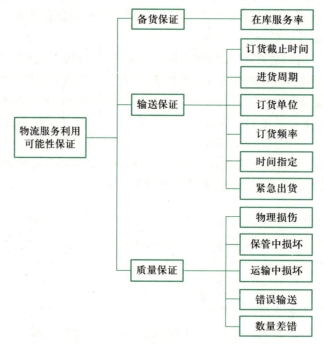

图1-1　物流服务的构成要素

物流服务的作用主要体现在以下四个方面：

（1）物流服务是企业实现差别化营销的重要方式和途径。

当下市场需求呈现出多样化和分散化的特点，企业经营只有迅速、有效地满足各种不同类型、不同层次的市场需求，才能使企业在激烈的竞争和市场变化中求得生存与发展。因而，差别化经营战略是企业经营不可回避的，其主要内容是客户服务上的差异。所以，作为客户服务重要组成部分的物流服务也相应具有了战略上的意义。换句话说，物流服务是差别化营销的重要方式和途径。

（2）物流服务水准的选择影响企业经营绩效。在物流开始成为企业经营战略重要一环的过程中，物流服务越来越具有经济性特征，即物流服务有随市场机制和价格机制变化而变化的倾向；或者说，市场机制和价格机制的变化既决定了物流服务的价值，同时也决定了一定服务水平下的成本。因此，物流服务的供给不是无限制的。过高成本的物流服务势必损害物流企业经营的绩效，不利于物流企业收益的稳定。

因而，制订合理或企业预期的物流服务水准是企业战略活动的重要内容之一，特别是对于一些例外运输、紧急输送等物流服务，需要考虑成本的适当化或者各流通主体相互分担的问题。

（3）物流服务方式的选择已成为企业经营战略不可分割的重要内容。企业经营活动中，物流服务方式等软性要素的选择对其经营成本具有相当大的影响力。低成本战略历来是企业追求的重要内容，而低成本的实现除了受原材料、零部件、人力成本等各种有形因素影响外，合适的物流服务方式的选择，也能推动企业的发展，成为企业利润的第三大来源。

特别需要说明的是，由于消费者低价格倾向的发展，大型的零售业为降低商品购入和调拨的物流成本，正在逐步改变原有的物流系统，转而实行以零售为主导的共同配送等新型物流服务，以支持零售经营战略的展开。这从一个侧面显示了物流服务方式的选择已成为企业经营战略不可分割的重要内容。

（4）物流服务能有效连接供应商、厂商、批发商和零售商，创造超越单个企业的供应链价值。随着经济全球化、网络化的发展，现代企业的竞争不再是单个企业的竞争，而是一种网络优势的竞争。

为此，企业经营网络的构造是竞争战略的主要内容。一方面，物流服务作为一种特有的服务方式，以商品为媒介，将供应商、厂商、批发商及零售商有机地组成一个从生产到消费的全过程流动体系，推动了商品的顺利流动；另一方面，物流服务通过自身特有的系统设施，不断将商品销售、库存等重要信息反馈给流通管道中的所有企业，并通过不断调整经营资源的蓄积，使整个流通过程不断协调地应对市场变化，进而创造出更大的供应链价值。

2. 物流服务的地位

物流服务业在国民经济中的地位相当重要，具体体现在以下两方面：一是国家鼓励发展第三产业，即广义的服务业，发展第三产业既可以更好地为社会提供服务，同时也可以促使由于产业调整而失业的工人再就业。二是物流服务业提供的服务与国际贸易是密不可分的，物流企业的生产绩效与银行、保险等相关企业的绩效是紧密联系在一起的。

（五）客户

客户是指企业所有的服务对象，如股东、雇员、顾客、合作者、政府客户、社区居民等。客户是企业的原动力，是企业的利润来源。

1. 客户的内涵

现代企业的客户，其内涵已扩大化，营销学中的客户、公司内部的工作人员等都是客户。其内涵要点如下：

认识内部
客户 1

认识内部
客户 2

认识内部
客户 3

认识内部
客户 4

（1）客户不全是产品或服务的最终接受者。处于物流供应链下游的企业是上游企业的客户，他们可能是物流商、批发商和零售商，而最终的接受者是消费产品和服务的自然人或机构法人。

（2）客户不一定是用户。处于物流供应链下游的批发商、零售商是生产商的客户，只有当他们消费这些产品和服务时，他们才是用户。

（3）客户不一定在公司之外。内部客户的地位日益引起重视，它使企业的服务链无缝连接起来。长时间以来，人们习惯于为企业之外的客户服务，把企业内的上、下流程工作人员和供应链中的上、下游企业看作同事或合作伙伴，而淡化了服务意识，造成客户服务内外脱节和不能落实。

⚠️ **小贴士**：内部客户

相对于外部客户而言，内部客户是指得到你的产品或服务的公司同事。假如你是设计师，工程师就是你的内部客户；假如你是工程师，厂长就是你的内部客户；假如你是财务部经理，公司高层领导、其他部门经理就是你的内部客户。

课堂体验：从服务的视角观察，职业学校、教师、学生、企业之间是何种关系？

_____

_____

_____

综上所述，在供应链环境下，个体的客户和组织的客户统称为客户，因为无论是个体或组织都是企业服务的对象，而且从最终的结果来看，"客户"的下游仍然是客户。因此客户是相对于服务提供者而言的，他们是所有接受产品或服务的组织和个人的统称。

2. 现代客户需求的特点

在市场环境发生深刻变化时，客户的需求也发生了变化，具体体现在以下两个方面：

（1）客户对自身的关注热情持续高涨，个性化消费形成潮流。个性化消费就是价值化消费，对于企业来讲，可大量生产的产品日益减少，个性化的定制产品越来越多。以往靠一个企业、一种产品就能为众多客户提供满意的服务，现在却需要众多企业的协调一致才能做到。

今天，精神满足式消费显得日益重要，人们在消费时，除了实用性外，更趋向于在使用中获得享受，并以这种感觉来评价该产品和服务的价值。这就是有些客户愿意多花钱去购买名牌产品的原因。

需求感性化趋势日益明显。需求不需要明确的理由，感性色彩浓厚，是个性化消费的又一种表现形式。在理性消费时代，客户重视价格、质量，追求的是价廉物美、经久耐用。而现在客户选择的标准是"满意"与"不满意"，客户感性需求增强，背离某一企业而选择其他企业的产品（或服务）常常并不一定有什么理由。

（2）从卖方市场到买方市场的显著变化使客户有了选择权。在卖方市场情况下，客户的选择范围受到一定的限制；而在买方市场情况下，替代产品品种繁多，技术指标相差甚微，品质趋同。客户要求随手可得，随时享用，他们认为等待就是对自己的不尊重，就是服务不到位,就不值得信任。

美国东北航空公司在 20 世纪 80 年代的倒闭,就是一个典型案例。其倒闭的原因,是没有及时用计算机信息系统使全国各地的旅游代理商可以实时查询信息、订票及更改航班,导致客座率下降。

对产品和服务的期望值越来越高,是当代客户在买方市场中的另一特点。客户是在比较中选择产品和接受服务的。如果产品和服务在等质情况下,价格比别人高,客户就会认为上当受骗;如果同类产品的厂家上门服务时间比你快,你就会受到客户的指责。不管哪种情况,结果都是一样的:客户会把这种不满意告诉熟人,建议他们不要买你的产品,使用你的服务。

客户对服务的信息要求是即时性的,对距离的要求是零。过去客户只能被动地听取介绍,企业通过大众媒体进行广告宣传并与客户交流,不需要考虑每个客户的独特需要,只要保持在电视和报刊上经常露面就可以树立品牌形象,吸引客户消费。但现在客户对服务的时间要求是即时的,对距离的要求为零,并且希望他们与企业的交流是实时的,即客户要求更具针对性、交互性的有效服务信息传递。

(六) 物流服务价值

在服务经济的今天,"人与人竞争"体现了现代物流企业最典型的特征,即它们的产出之一是创造了一种新的社会关系。这种新的社会关系就是企业以客户为中心,通过服务实现客户价值,与客户建立良好的合作关系,从而推动企业的发展与进步。其中物流服务所体现的价值具体表现在履行客户订单的准确性,提前期的一致性,快速处理加急订单能力,计划发货日期、运输延误的提前通知,客户投诉处理等方面。

(七) 物流客户服务的含义与特点

1. 物流客户服务的含义和构成

物流客户服务是指物流企业为促进其产品或服务的销售,发生在客户与物流企业之间的相互活动。具体来说,物流客户服务由订单服务、基础服务、辅助服务和增值服务构成。

(1) 订单服务。订单服务是构成物流客户服务的核心部分,包括订单受理、订单传递、订单处理、订单分拣与整合、订单确认、退货处理等。

(2) 基础服务。在完成客户订单的业务中,需要有储存、运输与配送等基础服务来配合。没有物流的基础服务就没有物流的延伸服务。物流企业只有认真、扎实地做好储存、运输和配送服务,才能使企业在竞争中立于不败之地。

(3) 辅助服务。在物流基础服务做好后,还必须做好包装和流通加工服务。包装和流通加工服务是促进销售、维护产品和提高物流效率的关键,是物流客户服务中的辅助服务。

(4) 增值服务。物流客户服务应不断开拓新颖独特的增值服务,例如,商品追踪服务、缓冲仓库服务、需求预测、货款回收与结算、物流系统设计、教育培训及咨询诊断、融通仓服务等。

2. 物流客户服务的特点

物流客户服务与广义上的客户服务相比,具有以下两方面特点:

（1）物流客户服务的对象以生产与经营企业为主。

> 课堂体验：饭店、旅游等行业的服务对象是谁？

某公司物流配送战略案例背景

某公司物流配送战略案例评析

（2）物流客户服务是一整套业绩评价。它包含以下内容：

- 产品可得性评价；
- 存货百分比；
- 无货损百分比；
- 订货周期和可靠性评价；
- 从客户订货到送货的时间；
- 仓库备货时间；
- 仓库收到的订单与发货的百分比；
- 仓库在规定的时间内把订货送达客户的百分比；
- 最低订货数量；
- 服务系统的灵活性评价；
- 特快发货或延迟发货的可能性；
- 订货的方便和灵活性等。

（八）物流客户服务的要素

物流客户服务是企业对客户的一种承诺，是企业战略的主要组成部分，因此，不能将客户服务狭隘地理解为仅仅是一种活动或是一套业绩评价，而应将客户服务的思想渗透到整个企业物流作业的各个环节，并且使它制度化。从物流客户服务的过程来看，物流客户服务可分为交易前、交易中和交易后三个阶段，每个阶段都包括了不同的服务要素。

1. 交易前要素

交易前要素是指在将产品从供应方向客户实际运送之前的各种服务要素，包括服务政策（政策声明）、客户服务组织（组织构造）、质量保证声明、系统灵活性及技术服务说明等。

2. 交易中要素

交易中要素是指在将产品从供应方向客户实际运送过程中的各项服务要素。这些服务与客户有着直接关系，并且是制订客户服务目标的基础。这些服务对客户满意程度具有重要影响，包括商品缺货标准、订货信息反馈能力、订货的能力、订货周期、货物周转、系统精度、订货便利性、产品的更新替代性等。

3. 交易后要素

交易后要素是指产品销售和运送后，根据客户要求所提供的后续服务的各项要素，包括维修零部件、产品质量追踪、收集客户意见、处理客户投诉、产品包装、维修中的产品替代等。

（九） 物流客户服务的作用

计算机网络技术的飞速发展对客户服务领域产生了重大影响。企业充分利用电子数据交换（EDI）技术，在订单处理、产品跟踪、客户反应等领域与客户加强联系，这有利于提高客户的满意程度，更好地发挥物流的重大作用。

随着物流概念的成熟，人们越来越认识到物流客户服务已经成为物流系统，甚至是整个企业成功运作的关键，是增强服务产品的差异性、提高产品和服务竞争优势的重要因素。物流客户服务的作用主要表现在以下几个方面：

1. 提高销售收入

客户服务通常是物流企业的重要因素，它直接关系到企业的市场营销。通过物流活动提供时间与空间效用来满足客户需求，是物流企业功能的产出或最终产品。物流客户服务无论是面向生产的物流，还是面向市场的物流，其最终产品是提供某种满足客户需求的服务。

2. 提高客户满意度

客户服务是由企业向购买其产品或服务的人提供的一系列活动。从现代市场营销观念的角度来看产品，对满足消费者需求来说，它具有三个层次的含义，即核心产品、形式产品和延伸产品。

核心产品是指产品提供给用户的基本效用或利益，这是客户要求的中心内容。

形式产品为产品本体，即产品的实体和外观，是扩大化了的核心产品，也是一种实质性的东西。它由结构、功能、质量、商标、包装、价格等标志构成。

延伸产品也称增值产品，是指客户购买产品时得到的其他利益的总和，这是企业另外附加上去的东西，它能给客户带来更多的利益和更大的满足。延伸产品所带来的效用是对有形产品的一个必要补充，如维修服务、咨询服务、交货安排等能够吸引客户的东西。从这个意义上讲，物流客户服务是一种增值产品，可增加购买者所获得的效用。

客户关心的是购买的全部产品，即不仅仅是产品的实物特点，还有产品的附加价值。物流客户服务就是提供这些附加价值的重要活动，它对客户满意程度产生重要影响。从本质上来说，物流功能是买卖交易的最后阶段。良好的客户服务会提高产品的价值，可提高客户的满意程度。

因此，许多物流企业都将客户服务作为一项重要功能。

课堂体验：客户与某知名物流企业签订仓储合同，购买的核心产品是什么？形式产品及延伸产品又分别是什么？

_____

_____

_____

二、活动安排

（一）活动内容

根据所学知识完成活动一、活动二、活动三。

（二）活动要求

(1) 通过任务,对物流客户服务的内容有进一步的认识。
(2) 通过任务,深入理解内部客户服务。
(3) 通过任务,了解物流企业的产品。

（三）活动步骤

活动一:请说明表1-1的案例中,企业为客户提供了哪些物流服务。

表 1-1　企业为客户提供的物流服务

案例	物流服务内容
李女士住在武汉市,她的母亲住在郑州市,母亲的生日快到了,李女士委托一家快递公司给母亲送去一幅画作为生日礼物。该快递公司上门取货时,发现这幅画没有进行保护包装,因此建议李女士进行保护包装,并收取包装费。快递公司收取货品后,李女士通过手机 App 实时跟踪货品动态	
吕伟东经营一家钢材销售公司,他将钢板存放在致远物流公司,致远物流公司根据他的要求,对钢板进行切割,以满足他的销售需求	
武汉山绿现代物流有限公司是全国重点农产品市场物流配送系统项目之一,可以为客户提供储存、配送、加工、速冻、预冷、制冰、低温包装等服务	

活动二:说说下面案例中日本经理是如何进行内部客户服务的。在该案例中,谁是谁的客户。美国沃里科公司管理了 15 年的弗里斯特市电视机厂,是著名的希尔斯百货公司的供应商。鼎盛时员工达 2 000 人,后来因管理不善,屡屡出现质量问题,次品率达 10%,陷入困境。该公司管理层邀请日本三洋公司参股并管理该工厂。日本管理人员到达该厂后,先后办了三件事,令美国人大开眼界。首先邀请电视厂的所有员工聚会一次,大家坐在一起喝咖啡,吃面包圈。然后赠送给每个工人一部半导体收音机。最后,日本经理对大家说,厂里灰尘满地,脏乱不堪,大家怎么能在这样的环境中生产呢? 于是,由日本管理人员带头,大家一起动手清扫厂房,还把整个工厂粉刷得焕然一新。

活动三：上网搜索一家物流企业,将该企业的产品绘制成思维导图,并跟全班同学分享你的成果。

任务评价

见附录。

应用训练

（1）观看一些物流客户服务案例视频(如快递公司服务广告),观察客户服务人员如何与客户交流,并记录接待流程,加深对物流客户服务活动的认识。

（2）上网查找部分知名物流企业的企业文化案例,多方面地了解服务型企业文化的含义和意义。

拓展提升

美国迪斯尼乐园的换位思考

一天,美国迪斯尼乐园里有位母亲带着5岁的小孩排着长队,等待登上梦想已久的太空穿梭游戏机。好不容易等了40分钟,却在临上机时被告知由于小孩年龄太小不能登机。其实,在排队地点到处都有提示牌,只是这位母亲没有注意到而已。服务人员虽然按规定没让孩子登机,但却把他们领到一旁,亲切地询问了小孩的姓名,不一会儿便拿着一张刚刚印好的精美证书(上面写着小孩的名字)走过来,表示欢迎小孩到可登机的年龄时再来,只要拿着这张证书就享有不用排队、直接登机的权利。于是这位母亲与小孩愉快地离开了。

案例背景

案例分析

试想,如果服务只停留在面带微笑向母亲解释原因的层面上,结果只能是母亲和孩子带着遗憾离去。而迪斯尼乐园的服务却技高一筹,虽然是客户自身的错,但他们也不搪塞敷衍,而是认真地想办法解决,令母子心情舒畅地离开。我们从美国迪斯尼乐园的服务中得到的启示是:"客户永远是对的"。这要求企业在服务实践中,本着尊重客户、换位思考的态度和原则解决客户的难题,千方百计使客户满意。

总之,"客户永远是对的"是服务理念的最高境界,有了这一思想基础,企业的服务质量会日益出众,市场也会越来越广阔。

任务二 理解物流客户的需求

任务描述

李均和王武钢两位同学,经过任务一的学习与活动实践,认识到物流企业客户是物流企业的衣食父母,也初步理解了物流客户服务的内容。下课后,李均同学就任务一中关于客户服务定义中的客户需求与王武钢同学进行讨论,两人对物流客户的需求说不清楚。他们带着问题又走进了课堂,希望授课教师能为他们解答:物流客户的需求是什么? 如何正确理解物流客户的需求?

任务目标

1. 理解物流客户需求的含义及其影响因素。
2. 认识典型行业物流客户需求。
3. 熟悉典型的客户服务战略。

任务实施

一、知识准备

(一) 认识物流客户需求

1. 物流客户需求的含义

物流客户需求是指一定时期内社会经济活动中,物流客户对生产、流通、消费领域的原材料、产成品、半成品、商品以及废旧物品、废旧材料等的配置作用而产生的对物在空间、时间和费用方面的要求,涉及运输、储存、包装、装卸搬运、流通加工以及与之相关的信息需求等物流活动的诸方面。

2. 影响物流客户需求的因素

由于物流活动日益渗透到生产、流通、消费等整个社会经济活动过程之中,与社会经济的发展存在着密切的联系,是社会经济活动的重要组成部分,因而物流客户需求与社会经济发展密切相关。影响物流客户需求的主要因素有以下几种:

(1) 经济发展本身直接产生物流客户需求。

(2) 宏观经济政策和管理体制的变化对物流客户需求产生刺激或抑制作用。

(3) 市场环境变化影响物流客户需求,包括国际、国内贸易方式的改变以及生产企业、流通企业的经营理念与经营方式的改变等。

（4）消费水平的波动、和消费理念的变化也会影响物流客户需求。

（5）技术进步（如通信和网络技术的发展,电子商务物联网、人工智能、大数据的广泛应用）,对物流客户需求的量、质和服务范围均会产生重大影响。

（6）物流客户服务水平对物流客户需求也存在刺激或抑制作用。

3. 典型行业物流客户需求

随着社会经济的发展、行业越来越细分化,物流企业的客户需求已经远远不止于传统的仓储和运输服务;不同行业中的企业对物流服务的需求在程度和具体要求上都存在很大差异。例如,消费电子产品行业、快速消费品行业、汽车行业、冷链行业和医药流通行业客户需求是不尽相同的。

（1）消费电子产品行业物流服务需求。消费电子产品是指用于满足时尚或其他需求的数码产品。消费电子产品行业具有产品生命周期短、产品的单位价值高的行业特点,越来越多的消费电子产品生产商采用以销定产的方式,尽可能少备库存或不备库存,从而要求对市场拥有快速响应能力。这类企业客户对物流服务的要求越来越高。此外,电子产品的原材料种类繁多且经常涉及进出口业务,客户不得不将烦琐的进出口业务委托给从事国际物流的货代企业。

消费电子产品行业要求物流服务具有异常快速的响应能力,物流成本低,地理区域覆盖面广,要能覆盖二线和三线城市,对产品要求防震等多重保护;对保管环境的温湿度等物理条件以及各种防腐、防静电等化学条件的要求也相当苛刻;还有增值服务需求,如报关服务;物流计划服务和支持根据订单生产的 JIT[①] 采购、配送、分拨等物流服务成为消费电子品行业物流客户服务新的需求。

（2）快速消费品行业物流服务需求。快速消费品是指使用寿命较短、消费速度较快的消费品。这类产品常常包装成一个个独立的小单元来进行销售,包装、品牌化以及大众化对此类产品的影响较大。

例如,软饮料行业,该行业目前已经发展得相当成熟:产品品种多、流通快,然而单位价值低,利润已经非常微薄,市场竞争已经到了白热化程度。消费者对产品的新鲜度和在时间、地域上的可得性要求却达到了近乎苛刻的地步。一般在大型超市,货龄超过一周的饮料将被拒收。此外,由于消费者对软饮料需求的季节波动性很大,导致生产商普遍面临着淡季生产、仓储和运输能力过剩而旺季则不足的窘境。

因此,广阔的地域覆盖(包括城市和农村),降低物流成本以支持本来已经很低的利润率,快速的物流运作能力(包括拣配和运送)、灵活的物流能力以适应其需求的季节性,支持小批量、多品种、高频度的运送等成为快速消费品行业的物流客户服务需求。

课堂体验:在超市购买方便食品,消费者最关心的是什么? 作为方便食品配送的物流企业员工为超市配送时,应该如何为客户提供服务?

_____

_____

_____

---

① JIT 是 Just In Time 的缩写,意为准时制。

（3）汽车行业物流服务需求。汽车行业目前处于高速成长期。目前中国汽车厂商的物流成本仍然高昂,占销售额的比例普遍在 13%~15%。于是,汽车制造商一方面开始寻求降低成本的解决方案以保持利润率,另一方面开始响应需求从一线城市到二线城市的转移,在二线城市拓展市场。同时由于在一线城市的客户群开始成熟,他们对购买和维修的便利性与及时性等客户服务方面产生了比原先越来越高的需求。

总之,降低物流成本,整车和零部件的分拨与配送,支持 JIT 的生产方式,原料和零配件运输上的增值服务:对不同供应商提供的零配件进行循环取货和整体路线的规划,地域覆盖网络到达二线城市的能力等成为汽车行业物流客户服务的需求。

（4）冷链行业物流服务需求。冷链是指货品从产品加工、储藏、运输、分销和零售,直到消费者手中,其各个环节始终处于货品所必需的低温环境下,以保证货品质量安全,减少损耗,防止污染的特殊供应链系统。冷链行业泛指冷藏冷冻类物品生产、储存运输、销售经营等企业集合。

冷藏货品在流通中会因时间流逝、温度变化而引起品质的降低。

因此,冷链运输与仓储服务要求物流服务有冷冻设备,进行严格的温度控制,不使食品损坏或变质,对跨地域提供一站式服务、按时交付,不使生产线因缺货而停止生产。而物流计划能力、支持 JIT 的生产方式、紧急订单的响应能力则成为冷链行业物流客户服务需求。

（5）医药流通行业物流服务需求。医药流通行业是从事医药经营的企业集合。作为一个重要的中介,医药流通行业是连接医药制造企业和终端消费者(包括医院药房和社会零售药房)的桥梁,它包括批发、配销、零售(连锁经营药店)等医药流通企业。

在医药流通行业,企业面临优化产业的供应链管理,降低成本以获取竞争优势的压力。因此,医药物流需求显得格外迫切。

医药流通业物流客户服务需求为:在整个供应链上(仓储运输过程中)严格的质量监控和批号的严格管理与监控,降低整条供应链上的物流成本,跨地区的仓储和运输能力,对紧急订单和特殊订单的快速反应能力。

物流客户需求具有涉及面广、内涵丰富和无法进行单一计量的特点,因此,物流企业必须把握市场需求和进行市场定位,制订出适合本企业发展的物流客户服务战略,才能为客户提供满意的物流服务。

（二）物流客户服务战略

物流客户服务战略是指物流企业为了适应未来环境的变化、提高客户满意度,而寻找长期生存和稳定发展的途径,并为实现这一途径优化配置企业资源,制订的总体性和长远性的服务战略。物流客户服务战略的制订是企业经营管理活动中一项十分重要的职能,它通过影响物流绩效来影响客户满意度。

1. 物流客户服务战略制订的步骤

科学合理地制订物流客户服务战略主要有以下几个步骤:

（1）确定物流服务的要素。一般来讲,明确备货时间、接受订货的截止时间、进货期、订货单位等要素是物流服务战略策划的第一步。只有清晰把握这些物流服务的要素,才能使以后的决策顺利进行,并加以控制。

（2）收集有关物流服务的信息。制订物流客户服务战略需要收集的信息主要包括客户对物流服务重要性的认识、客户的满意度以及本企业的物流服务与竞争企业相比是否具有优势等。

（3）整理物流服务信息。对收集到的信息，要进行筛选、分类、归集，以便定向地选择使用。

（4）划分客户群。客户需求受到客户思维方式、行动模式以及地区差异等多种因素影响，因此以什么样的特性为基础来区分客户群成为制订物流服务战略的重要问题。同时，在划分客户群的过程中，应当充分考虑不同客户对企业的贡献度以及客户的发展潜力。

（5）制订物流服务组合。在对客户群进行划分后，首先要做的就是针对不同的客户群制订相应的物流服务基本方针，确保将企业资源优先配置给重点客户群。此后，在对企业物流服务水平预算分析和对主要竞争对手的服务水平分析的基础上，为不同的客户群制订相应的物流服务组合。

物流服务战略的制订是一项系统工作，应当按照上述步骤综合考虑企业外部和内部的影响因素有序进行，只有这样，才能使制订的战略成为企业朝正确方向前进的有力保障。

2. 几种典型的客户服务战略

企业必须在每个细分市场上确定物流客户服务战略，向客户说明本服务与现有竞争服务以及潜在竞争服务之间有何区别。服务战略是多种多样的，按企业的竞争优势可分为低价战略、优质战略、地位战略、先进技术战略、全方位战略等。不管采取何种战略，对企业来说，其目的是建立强有力的竞争优势，以赢得并留住本细分市场内的大量客户。其核心是增值和关系。

（1）增值为本战略。增值服务是指建立在基本服务基础之上，企业提供的超过承诺的服务。增值服务主要涉及五个领域，即以客户为核心的增值服务、以促销为核心的增值服务、以制造为核心的增值服务、以时间为核心的增值服务和基本增值服务。

① 以客户为核心的增值服务。以客户为核心的增值服务向买卖双方提供利用第三方专业人员来配送产品的各种可供选择的方式。如提供"精选—定价—重新包装"服务，以便按不同客户的要求进行独特配置，体现"一对一"的服务理念来递送制造厂商的标准产品。

② 以促销为核心的增值服务。以促销为核心的增值服务通常围绕客户保留、相关销售和客户推荐展开。通过提供以促销为核心的增值服务，引导、吸引和拉动客户作出购买决策，持续、积极地与客户维持关系，以保留现有客户，吸引新客户。

③ 以制造为核心的增值服务。以制造为核心的增值服务是通过独特的产品分类和配送来支持制造活动的，是为适应特定的客户需求而对基本产品进行修正的活动，其结果是改善了服务，提高了客户满意度。

④ 以时间为核心的增值服务。以时间为核心的增值服务就是使用专业人员在配送之前先对存货进行分类、组合和排序。例如，建立在"看板"管理上的"准时制"就是以时间为核心的增值服务的代表。"准时制"是以需定供，需方起主导作用，需方决定供应物料的品种、数量、到达时间和地点，供方只能按需方的指令（一般用看板）供应物

料,送到的物料必须保证质量,无残次品。这种服务的特征就是消除不必要的仓库设施和重复劳动,以期最大限度地提高服务速度。基于时间的物流战略,是竞争的一种主要形式。

⑤ 基本增值服务。除了独特的或传统的增值服务形式外,专业人员还可以执行厂商全部或部分基本服务方案。许多公司不仅承担运输服务和仓储服务,而且还提供一系列附加的创新服务和独特服务。如存货管理、订货处理、开票和回收商品处理等,覆盖了物流服务的全部领域;有许多厂商还提供全套的物流服务,向托运人提供类似于包干的物流服务。

（2）"关系至上"战略。在现代市场营销理论中,随着消费者个性化日益突出,加之媒体分化,市场营销的变量从传统的"4P"向以客户关系为中心的"4C"推进,具体表述如下:

① 客户需求和要求（customers' need and wants）,基于产品和服务（product）;

② 客户购买产品的代价（cost to customers）,基于价格（price）;

③ 方便程度（convenience）,基于地点、产品的销售和运输渠道（place）;

④ 与客户的交流（communication）,基于促销、媒体宣传和客户联系（promotion）。

如果说4P的出发点是卖方,4C的出发点是买方,那么关系营销则是将买卖双方看作是一个统一的整体。研究市场营销中的"关系",是指建立维和发展客户关系的营销过程,目标是建立客户的忠诚度。关系营销理论的提出,使越来越多的企业开始重视"关系"。

物流客户管理也应紧随这种变化,由传统的客户管理向关系至上的客户关系管理推进。客户关系管理是获取、保持和增加可获利客户的过程,是"以客户为中心"管理理念的应用过程,是企业有利、有序、有度发展的保障。

在开展客户关系管理的过程中,可以将企业和客户的关系管理过程简化为:建立关系—维持关系—增进关系。"关系"意味着良好的联系,同时也是企业潜在的资产。从毫无联系到建立良好的联系需要一个过程,这正是一个企业资产逐步增值的过程。企业通过技术投资,建立起能收集、跟踪和分析客户信息的系统,或增加客户联系渠道、客户互动以及对客户渠道和企业平台进行整合的功能模块,主要范围包括销售自动化、客户服务的支持和营销自动化、呼叫中心等。

（3）客户满意战略。客户满意战略（customer satisfaction,简称CS战略）,其指导思想是:企业的整个经营活动要以客户满意为目标,站在客户的立场上,按客户的观点来考虑和分析客户的需求。客户满意战略的主要内容包括以下几方面:

① 站在客户的立场上而不是站在企业的立场上去研究、设计产品（包括有形商品和无形服务）。

② 不断完善服务生产与提供系统,最大限度地使客户感到安全、舒适和便利。

③ 重视客户的意见、客户参与和客户管理。

④ 千方百计留住客户并尽可能实现相关销售和推荐销售。

⑤ 创造企业与客户彼此友好和忠诚的局面,使服务手段和过程处处体现真诚与温暖。

⑥ 按照以客户为中心的原则,建立富有活力的企业组织。

二、活动安排

（一）活动内容

根据所学知识完成活动一、活动二。

（二）活动要求

（1）通过任务,对各行业的物流客户需求有进一步的认识。
（2）通过任务,深入理解各物流客户服务战略的主要内容。

（三）活动步骤

活动一: 请在表1-2中填写出典型行业的物流客户需求要点。

表1-2　典型行业的物流客户需求要点

行业	物流客户需求要点
消费电子品行业	
快速消费品行业	
汽车行业	
冷链行业	
医药流通行业	

活动二: 请在表1-3中填写出几种典型的客户服务战略的主要内容。

表1-3　几种典型的客户服务战略的主要内容

客户服务战略	主要内容
增值为本战略	

续表

客户服务战略	主要内容
"关系至上"战略	
客户满意战略	

任务评价

见附录。

应用训练

观看物流配送中心案例视频,观察不同岗位人员如何与客户、同事交接,并记录交接流程。

拓展提升

顺丰客户服务案例
——周黑鸭冷运业务

为了给客户最优质的服务体验,周黑鸭联手顺丰冷运,开展冷运到家业务的推广,2016 年"双 11"期间,顺丰承接了周黑鸭全部订单的冷运业务,7 天内完成 60 万单配送,带给客户最新鲜、健康的购物体验。

为满足消费者口感要求,顺丰以大量的实验数据为依据,新推出的包装箱不仅保障了产品的新鲜度,同时也降低了周黑鸭的包装成本。为提高时效,顺丰安排专人驻场以及专车转运,直接在仓库完成贴单、扫描和分拣流程,并直接运往机场,保证在 24 到 36 小时完成配送。

经过一个月的测试推广,消费者反应良好,满意度大幅提升,有效推动了周黑鸭在电子商务业务上的长足发展。

基于对于"顾客第一"的核心价值观的认可,顺丰与周黑鸭加深物流供应链方面的深度合作,助力周黑鸭扩展市场,实现周黑鸭与顺丰品牌的双赢。

巩固提高

一、单项选择题

1. 运输企业为了使商品在运输过程中不被损坏而进行防震包装。这样的物流服务属于(　　)。

A. 基础物流服务　　　　　　　　　　B. 增值物流服务

C. 仓储服务　　　　　　　　　　　　D. 运输服务

2. 物流服务中唯一的静态内容是（　　　）。

A. 储存与保管　　　　　　　　　　　B. 运输与配送

C. 装卸搬运　　　　　　　　　　　　D. 流通加工

3. 物流服务是一种伴随销售和消费同时发生的产品。这一特点是物流服务的（　　　）。

A. 从属性　　　　　　　　　　　　　B. 即时性

C. 移动性与分散性　　　　　　　　　D. 需求的波动性

4. 客户服务的方式是（　　　）。

A. 内外结合、双向沟通　　　　　　　B. 亲友相待、相互支持

C. 平等互利、共同发展　　　　　　　D. 相互了解、相互合作

5. 组织结构属于物流客户服务要素中的（　　　）。

A. 交易前要素　　　　　　　　　　　B. 综合要素

C. 交易中要素　　　　　　　　　　　D. 交易后要素

6. 订货周期属于物流客户服务要素中的（　　　）。

A. 交易前要素　　　　　　　　　　　B. 综合要素

C. 交易中要素　　　　　　　　　　　D. 交易后要素

7. 维修中的产品替代属于物流客户服务要素中的（　　　）。

A. 交易前要素　　　　　　　　　　　B. 综合要素

C. 交易中要素　　　　　　　　　　　D. 交易后要素

8. 属于物流服务特征的是（　　　）。

A. 固定性　　　　　　　　　　　　　B. 移动性

C. 扩散性　　　　　　　　　　　　　D. 主动性

9. 加急处理属于物流客户服务要素中的（　　　）。

A. 交易前要素　　　　　　　　　　　B. 交易中要素

C. 交易后要素　　　　　　　　　　　D. 综合要素

10. 物流客户服务从属于（　　　）。

A. 核心产品　　　　　　　　　　　　B. 一般产品

C. 期望产品　　　　　　　　　　　　D. 附加产品

二、多项选择题

1. 增值物流服务包括（　　　　　）。

A. 需求预测服务　　　　　　　　　　B. 信用担保融资

C. 仓储与配送服务　　　　　　　　　D. 运输服务

2. 物流客户服务由（　　　　　）构成。

A. 订单服务　　　　　　　　　　　　B. 基础服务

C. 辅助服务　　　　　　　　　　　　D. 增值服务

3. （　　　　　）属于物流客户服务业绩评价的内容。

A. 产品可得性评价　　　　　　　　　B. 存货百分比

C. 订货周期和可靠性评价　　　　　　D. 订货的方便和灵活性

4. 从物流服务的过程来看，物流客户服务可分为（　　　　　）阶段。

A. 交易   B. 交易前

C. 交易中   D. 交易后

5. 物流客户服务要素有( )类型。

A. 综合要素   B. 交易前要素

C. 交易中要素   D. 交易后要素

6. ( )属于物流客户服务的交易前要素。

A. 书面服务政策声明   B. 缺货标准

C. 服务政策为客户所接受   D. 系统灵活性

7. ( )属于物流客户服务的交易中要素。

A. 缺货标准   B. 订货信息反馈能力

C. 货物周转   D. 加急处理

8. ( )属于物流客户服务的交易后要素。

A. 组织结构   B. 产品质量跟踪

C. 维修中的产品替代   D. 处理客户投诉

9. 物流客户服务的作用主要表现在企业经营的诸多方面,如( )。

A. 提高销售收入   B. 提高客户满意度

C. 留住客户   D. 降低服务成本

10. 从现代市场营销的角度来看产品,对满足消费需求来说,它具有( )等层次的含义。

A. 核心产品   B. 形式产品

C. 延伸产品   D. 附加产品

三、判断题

( )1. 客户服务包括客户和企业的客户服务部门。

( )2. 物流企业的产品是有形的产品。

( )3. 运输与配送、储存与保管是物流服务的中心内容。

( )4. 客户服务是一种附加服务,目的只是获取经济利益。

( )5. 客户服务是一种增值服务,可增加购买者所获得的效用。

( )6. 物流客户服务应从属于附加产品的范畴,它不同于一般传统意义上的服务,而是强调它是能够为所有供应链成员实现价值增值的一系列活动。

( )7. 物流服务是企业实现差别化营销的唯一方式和途径。

( )8. 物流服务的宗旨是在服务数量与品质上都令货主感到满意。

( )9. 物流服务具有一个重要特征,即它有一个固定的目标。

( )10. 物流客户服务的移动性要求以客户服务制胜的企业必须不断地开发出新方法,使客户了解其价值。

参考答案

项目二　走进物流企业的客服部门

项目目标

1. 认识物流企业常见的组织结构。
2. 熟悉物流企业客户服务部门的岗位设置。
3. 掌握物流企业客户服务部门的岗位职责与主要岗位工作规范、工作标准。
4. 掌握物流客户服务人员应具备的能力、素质及职业发展规划。

任务一　走进物流企业

任务描述

李均和王武钢两位同学,在项目一的学习中听老师讲过,物流客户服务活动只有渗透到物流企业的各个职能部门和运营环节,才能有效提高物流企业服务效率。两位同学不清楚物流企业有哪些职能部门,就去询问老师。于是老师带着全体同学去参观一家正在迅速成长的物流企业。这是一家拥有近 300 名员工、60 余辆配送车辆、仓储面积达 10 万平方米、可为客户提供全方位第三方物流服务的中型物流企业。

在参观的过程中,细心的李均同学一直在做参观笔记,他记录了公司的一些情况:该公司拥有高层管理人员 4 人,分别是总经理 1 人,分管财务部的副总经理 1 人,分管仓储、运输等业务部门的副总经理 1 人,分管人力资源部的副总经理 1 人。在参观配送部时,同样细心的王武钢同学发现一名配送部员工拿着请假单正在向配送部经理请为期一周的事假,配送部经理同意了他的请假要求,在请假单上签了字,并且叮嘱该名员工由于事假超过 5 天,他还需要向分管配送部的副总经理请假。王武钢由此对公司的组织结构中的层次概念有了形象的认识。全体同学带着收集到的资料回到课堂上继续熟悉物流企业的组织结构、各职能部门的职责以及在物流企业的地位。

任务目标

1. 认识物流企业的组织结构。
2. 熟悉物流企业的客服部门。

任务实施

一、知识准备

（一）物流企业的类型

物流企业是至少从事运输（含运输代理、货物快递）或仓储一种经营业务，并能够按照客户物流需求对运输、储存、装卸、包装、流通加工、配送等基本功能进行组织和管理，具有与自身业务相适应的信息管理系统，实行独立核算、独立承担民事责任的经济组织。非法人物流经济组织可比照适用。

一般物流客户服务中所提到物流企业是以第三方物流企业为主。目前主要有三种类型的物流企业，包括综合型物流公司、运输型物流公司以及仓储型物流公司。

图2-1展示了不同类型物流企业的服务内容。

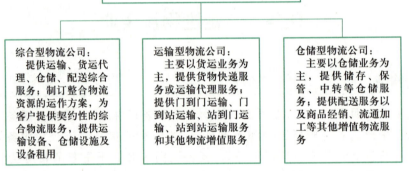

图2-1 不同类型物流企业的服务内容

物流行业
认知

（二）组织结构的含义

组织结构是指组织内部各机构组合及其组织形式，是全体成员为实现组织目标，在管理工作中进行分工协作，在职务范围、责任、权利方面所形成的结构体系。组织结构有复杂化、规范化和集权化三个基本特性。

组织结构有两个要素：部门与层次。不同部门及其责权的划分，反映组织结构之间的分工协作关系，称为部门结构；不同层次及其责权的划分，反映组织结构之间的上下级或领导隶属关系，称为层次结构。

体验活动：

（1）利用网络查找1~2家知名物流企业，并说明其所属类型。

（2）画出所在班级的班委会组织结构图，描述班委会成员的分工。

_____

_____

_____

（三）物流企业的组织结构

1. 物流企业的部门结构

从横向上看，物流企业的内部组织结构可划分成：行政事务部门、业务经营部门和职能管理部门。各部门的进一步划分则视企业的具体情况不同而不同，而且，此划分仅为物流企业组织的一般模式，可以随着企业自身条件和目标的改变加以调整和充实。物流企业各部门的主要任务、职责权限、服务对象和所属机构见表 2-1。

表 2-1　物流企业各部门的主要任务、职责权限、服务对象和所属机构

部门	主要任务、职责权限、服务对象	所属机构
行政事务部门	① 不直接从事经营业务； ② 间接服务于业务和职能管理机构； ③ 提供事务性服务、安全保卫和法律咨询等； ④ 服务对象以企业内部客户为主	秘书、总务、培训、法务、保卫等
业务经营部门	① 企业组织结构的主体； ② 直接从事经营，对外建立经济联系； ③ 处理经营业务纠纷； ④ 服务对象以企业外部客户为主	仓储、配送、运输等
职能管理部门	① 专为经营业务活动服务的管理机构； ② 担负计划、指导、监督和调节职能； ③ 不直接从事企业经营活动； ④ 服务对象以企业内部客户为主	财务、人力资源、市场开发等

2. 物流企业的层次结构

从纵向上看，物流企业的内部组织结构可划分为若干层次，层次间体现着企业高层管理者到基层工作人员间的隶属关系。一般来说，大中型物流企业常采用三级管理，即三个管理层次；小型物流企业常采用两级管理，即两个管理层次。物流企业组织结构的三个管理层次分别为：

（1）顶层管理层。顶层管理层即以总经理为首的领导层，统一组织管理各层次的经营活动，负责制订总体经营目标、方针、战略，确定利润分配方案，制定、修改和废止企业重大规章制度，指挥和协调各组织机构的工作。

（2）中间管理层。中间管理层即根据经营管理工作的需要而设置的承上启下的管理机构，该层次人员依据顶层管理层下达的任务制订合适而具体的执行目标，来指导经营活动，使企业的经营管理目标和利润得以实现。

（3）基层管理层。基层管理层是指直接管理基层工作人员的执行操作管理层，是企业中最低的管理层。该层次人员依据上一级管理层下达的任务目标，优化实施具体方案，采取多种经营手段，完成既定目标。

（四）物流企业组织结构的类型

物流企业组织结构的类型主要分为以下四种：

1. 直线型组织结构

直线型组织结构是最简单的一种组织结构类型,是一种低复杂化、低正规化和集权化的"扁平"结构。上下级关系是直线关系,即命令与服从关系,如图 2-2 所示。这种结构适用于经营规模小、经营对象简单的小型物流企业。

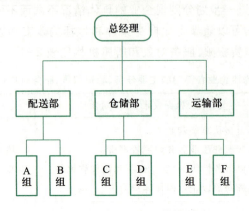

图 2-2 直线型组织结构图

2. 职能型组织结构

职能型组织结构是一种以职能为导向的组织结构形式,该组织结构按职能分工实行专业化管理,全面替代直线型组织结构中的全能管理者,各职能部门在其分管的业务范围内组织企业经营活动,如图 2-3 所示。

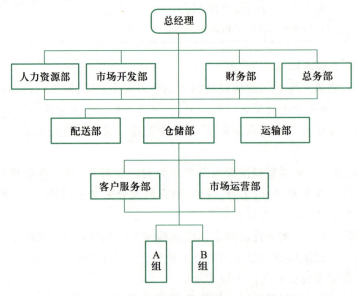

图 2-3 职能型组织结构图

优点:充分发挥职能机构专业管理的作用和专业管理人员专长,提高专业化管理水平,分工合作,组织任务明晰、集中,上行下达,减轻顶层管理者责任压力,实现管理工作的高效性。

缺点:在组织中经常会因为片面追求职能目标而看不到全局最佳利益,多头领导,协调困难。

因此,该组织结构只有在相对简单、稳定的环境中才适用,实践中多数企业并未采用这种组织结构。

3. 直线—职能型组织结构

直线—职能型组织结构吸收了上述两种组织结构的优点,是以直线型为基础,在各级直线主管之下设置相应的职能部门。这种组织结构由各管理层的负责人自上而下进行垂直领导,并设职能部门或职能人员协助负责人工作,但职能部门或人员只能对下级职能单位进行业务指导和监督,无权对下级负责人下达指示命令,下级负责人只接受上一级负责人的领导,如图2-4所示。

优点:统一指挥,职能专业化。

缺点:易造成集权,横向协调较为困难。

这种组织结构适用于大中型物流企业。

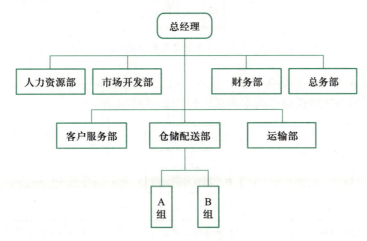

图2-4　直线—职能型组织结构图

4. 事业部型组织结构

事业部型组织结构又称为分部型组织结构,它是指企业按产品类型、客户类型、经营业务或地区等不同业务单位设立若干事业部,并由这些事业部进行独立业务经营管理的一种分权式结构类型,如图2-5所示。这种组织结构适用于规模大,实行多样化战略、多地区经营的物流企业。

（五）物流企业的客户服务部门

在我国,大中型物流企业的组织结构主要有直线—职能型、事业部型等类型,而物流企业客户服务部门基本上是根据业态类型、业务类型、经营范围、经营规模设置的。物流企业客户服务部是专门从事客户服务的部门,其主要的工作任务如下:

（1）订单处理、咨询,客户档案的建立、跟进及客户关系管理。

（2）客户接待工作,并按客户要求提供相应的服务。

（3）接受并处理客户投诉,跟踪反馈客户投诉结果。

（4）培训、激励、评价及考核客户服务专员。

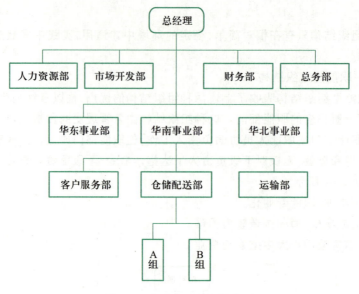

图 2-5　事业部型组织结构图

（5）监督、复核落实运营指标执行情况，并提出改进意见。

图 2-6 所示为某物流公司的客户服务部门组织结构。

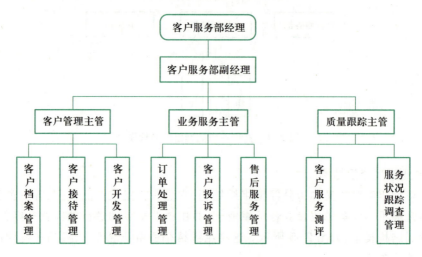

图 2-6　某物流公司的客户服务部门组织结构图

二、活动安排

（一）活动内容

（1）以小组为单位，每组模拟组建一家物流公司，根据所选择公司类型设计该公司的部门及层次构成。

（2）绘制出公司的组织结构图，并形成课题报告，对组织结构进行评价。

（3）对组建公司的客户服务部进行具体描述。

（二）活动要求

（1）通过任务,感知不同的物流企业组织结构、管理方式。

（2）通过任务,感知不同的客户服务岗位工作任务。

（三）活动步骤

1. 课前准备

课前分组布置学生上网查找资料。学生利用网络查找三种不同类型的典型物流企业,了解各类企业主要提供的服务类别、组织结构图、经营业务范围、规章制度等信息。

2. 分组模拟组建物流公司

通过小组的调查研究,共同讨论目前市场上现有物流企业提供的物流服务存在哪些不足,从中寻找商机,确定本团队要组建的物流公司类型:仓储型、运输型或综合型。确定公司的类型后,便可大体确定公司的主要业务,同时将本团队分析得出的商机引入公司的业务中,为客户提供差异化的服务,从而为客户提供绝佳的客户体验。确定公司发展方向、经营业务后,要设计一个响亮的公司名称,确定公司的领导团队、公司的组织结构,制定基本的规章制度及组建运营支持部门等。

3. 绘制组织结构图

根据任务要求绘制出本公司的组织结构图,明确公司的部门及层次,详细描述客户服务部门。填写表 2-2,制作 PPT。

表 2-2　小组活动控制表

活动步骤与内容安排	时间	负责人	注意事项	记录

4. 成果展示

每组在完成上述工作后,选派一名代表,将本组的构思以 PPT 的形式进行展示,其他成员可作补充。

当一个小组展示完毕后,其他小组可对其提出疑问,由展示组成员负责解答。

全体同学进行互相评价。

［说明］

本活动约需 90 分钟,活动地点为理实一体化教室(或计算机房)。

任务评价

见附录。

应用训练

（1）对某物流企业进行调研，了解其业务特点和组织结构，分析采用该组织结构的必要性及改进措施。

（2）根据上述分析作出 PPT 报告。

拓展提升

TNT 客户服务中心特色服务不断赢得新客户

TNT 于 1946 年创建于澳大利亚悉尼，全称是托马斯全国运输有限公司。20 世纪 70 年代 TNT 进军欧洲。1996 年荷兰皇家邮政将其收购，TNT 快递公司成为其旗下公司之一。

为了更好地为客户服务，TNT 设有专门的客户服务部——TNT 客户服务中心，该中心有一整套完善的管理程序，其程序中的六个模块，为客户提供了周到服务。

（1）制订客户服务管理策略。

（2）制订相应的客户服务标准。

（3）全员进行客户服务培训。

（4）给予客户服务人员相应权限，保证客户服务的速度。

（5）落实服务标准，建立及时的信息反馈机制。

（6）及时奖励达到客户服务标准的员工。

TNT 客户服务人员除了接听客户呼入的电话外，还要利用电子销售手段和室内销售手段做促销工作，对潜在客户呼出，向其介绍业务范围；对现有客户呼出，向其征询意见，介绍公司开办的新业务；对大客户实行派驻服务。TNT 周到的客户服务，为其在巩固老客户的基础上，不断赢得新客户。其服务特点如下：

（1）实时掌握真实的客户服务情况。TNT 通过定期检查客户服务记录，分析客户服务中问题的性质，找出问题的原因，并及时加以改进；雇用专门的公司，每隔 15 分钟给客户服务中心打电话，询问各方面的问题，检查呼叫中心服务人员的工作情况；每个季度发放两万份客户调查表，了解客户对 TNT 的忠诚度。

（2）给客户服务人员充分授权。为了提高工作效率，TNT 平均给每个客户服务人员每月 800 荷兰盾的财务权限，包括恢复运输、下一次免费运输、给客户送鲜花和巧克力等。当然，TNT 客户服务人员的权限中也包括给客户写道歉信、调查客户的最新动态、了解客户的背景材料等。

（3）TNT 借助先进的电脑设备，自动记录每一个呼入的电话，所以就很容易发现新客户。根据客户每次呼入的电话，整理客户的业务档案，有针对性地开展客户服务。

任务二　体验物流企业客户服务岗位

任务描述

　　李均和王武钢两位同学所在的小组在任务一的学习中,模拟组建了一家物流公司。在讨论分析物流客户服务部的时候,王武钢问了李均几个问题:"物流企业客户服务部的岗位设置有哪些? 物流客户服务的岗位职责及工作标准是什么?"李均抓了抓头,发现自己讲不清楚,于是,两位同学带着问题向老师请教。

任务目标

　　1. 能描述物流企业客户服务部门的岗位设置。
　　2. 能概述物流企业客户服务相关岗位职责。

任务实施

一、知识准备

(一) 物流企业客户服务部门的岗位设置

　　岗位设置是指根据组织需要并兼顾个人的需要,规定每个岗位的任务、责任、权利以及组织中与其他岗位关系的过程。物流企业客户服务部门岗位设置是客户服务部门开展日常工作的基础,岗位设置的主要内容包括工作内容、工作职责和工作关系的设计三个方面。

　　物流企业的客户服务部门是从市场部分离出来的一个专门从事客户服务的部门。在物流企业创立初期,一般的小公司没有专门的客户服务部门,客户服务部门的职能由市场部来执行。随着公司的发展及竞争的加剧,物流企业专门设立了客户服务部门,以满足不同客户的不同需求。

　　不同业态的物流企业客户岗位设置是不同的,这是因为不同的业态,产生不同的物流业务。业务不同,客户就有所区别,相应的客户服务岗位设置也就有所不同。因此,不同业态的物流企业在客户服务岗位的设置上既有相同岗位又有不同岗位。

　　图 2-7 是常见物流企业客户服务部门的岗位设置。

(二) 物流企业客户服务相关岗位职责

1. 物流企业客户服务岗位基本职责

　　物流企业客户服务岗位基本职责主要有:负责物流企业的客户服务业务,客户信息、发货信息的收集;负责客户的投诉、查询和紧急订单处理工作;处理日常发货信息输出,确保物流企业及时处理发货任务;组织和策划客户服务方案;制订客户服务规范;树立公司的物流品牌形象,提高客户满意度等。

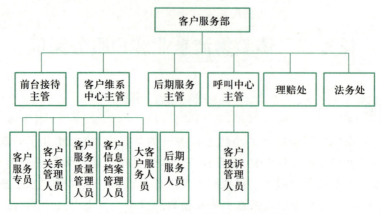

图 2-7 常见物流企业客户服务部门的岗位设置

2. 物流企业客户服务部门的岗位设置和职责

（1）前台接待主管的岗位职责。

① 协助客户服务部经理制订前台服务守则与服务标准，协助拟订标准的服务工作流程与规范。

② 负责组织前台人员进行来客接待、来客信息核实和享受服务资格验证，协调各种款项缴纳、来客分流和引导。

③ 负责客户的来访登记、信息确认、条形码打印。

④ 负责对前台服务人员进行培训、激励、评价和考核。

（2）客户维系中心主管的岗位职责。

① 负责制定客户维系原则与客户维系标准，协助拟定标准的客户维系工作流程与规范。

② 负责管理客户维系中心各服务项目的运作。

③ 负责对客户维系中心服务人员进行培训、激励、评价和考核。

④ 负责对企业的客户资源进行统计分析与管理。

⑤ 负责按照分级管理规定定期对所服务的客户进行访问。

⑥ 负责按客户服务部的有关要求对所服务的客户进行客户关系维护。

⑦ 负责对客户有关服务质量投诉与意见处理过程的督办和处理结果的反馈。

⑧ 负责大客户的接待管理工作，维护与大客户长期的沟通和合作关系。

⑨ 负责协调和维护客户服务部门与企业其他部门的关系。

⑩ 负责创造企业间高层领导交流的机会。

（3）后期服务主管的岗位职责。

① 协助客户服务部经理制订后期服务原则与服务标准，协助拟订标准的服务工作流程与规范。

② 负责协调客户服务协议履行情况。

③ 负责不定时地对服务项目进行检查和监督，服务质量异常反应的调查处理，客户满意度调查等工作。

④ 负责受理各种客户意见和投诉，并对投诉处理过程进行督办，对处理结果进行反馈。

⑤ 负责客户信息档案管理,对客户资料进行立档,并对客户档案保管使用及档案保密工作提出合理意见。

⑥ 负责协助制订、修改和实施相关后期服务标准、计划与政策。

⑦ 负责安排对大客户的定期跟踪与回访工作。

⑧ 负责对后期服务人员进行培训、激励、评价和考核。

(4)呼叫中心主管的岗位职责。

① 协助客户服务部经理制订呼叫中心服务原则与服务标准,协助拟订标准的服务工作流程与规范。

② 负责协调和受理客户预订、客户查询等工作。

③ 负责转接客户咨询热线、投诉热线。

④ 负责电话调查、收集市场信息及服务满意度回访。

⑤ 负责协助业务部进行客户信息资料确认更新、服务升级等服务。

⑥ 负责对呼叫中心服务人员进行培训、激励、评价和考核。

(5)客户服务专员的岗位职责。

① 获得客户真实需求,进行信息收集、客户订单的录入和传递。

② 负责跟踪物流操作的进度及状态,负责客户的查询和反馈信息。

③ 协调客户的关系,解决异常问题,处理客户投诉。

④ 负责与客户的紧密沟通。

⑤ 就物流业务流程和相关要求向客户介绍。

(6)客户关系管理人员的岗位职责。

① 负责维护客户关系,包括拜访客户、客户关系评价和档案管理等。

② 负责与客户日常交往管理,包括客户拜访工作、客户接待工作等,协助巩固企业与客户的关系。

(7)客户服务质量管理人员的岗位职责。

① 每日不定时地对服务项目进行检查和监督。

② 负责服务质量异常的调查处理工作。

③ 负责召集相关人员针对主要发生异常的服务项目、发生原因及措施检查进行讨论。

④ 负责在主管领导经理的指示下,拟订改善措施。

(8)客户信息档案管理人员的岗位职责。

① 负责协助制订客户信息调查计划,明确调查目的、对象以及调查的数量,统一调查方法,作到事前充分模拟,有效完成收集资料的工作。

② 负责客户信息分析工作,对各种客户调查资料的内容、可信度、使用价值等作出分析判断,得出结果后提交上级有关部门,作为决策依据。

③ 负责客户档案管理,对客户资料进行立档,并对客户档案保管使用及档案保密工作提出合理意见。

④ 负责客户信用调查、客户信用度评估,并对客户信用进行分级管理。

(9)大客户服务人员的岗位职责。

① 负责安排对大客户的定期回访工作。

② 负责保证企业与大客户之间信息传递的及时性、准确性,把握市场脉搏。

③ 负责经常性地征求大客户对客户服务人员的意见,及时调整客户服务人员,保证沟通渠道畅通。

④ 负责根据大客户的不同情况,和每个大客户一起设计服务方案以满足客户的需求。

⑤ 负责提议对大客户制订适当的服务优惠政策和激励策略。

(10) 后期服务人员的岗位职责。

① 负责协助制订、修改和实施相关后期服务标准、计划与政策。

② 负责协助制订后期服务人员的规范用语、岗位职责、服务流程,协助后期服务人员的培训工作,不断提高后期服务人员的服务水平和工作效率。

③ 负责后期服务资源的统一规划和配置,对后期服务工作进行指导和监督。

④ 负责收集客户意见和建议,整理、分析和收集反馈数据和信息,分别转送相关部门。

⑤ 负责对企业服务政策进行最终解释,加强与客户的沟通,协助裁定和调解后期服务中的纠纷事宜。

(11) 客户投诉管理人员的岗位职责。

① 负责协助制订统一的客户投诉处理程序和方法。

② 负责对客户投诉进行登记、移交和督办,并协助检查和审核投诉处理通知。

③ 负责协助各部门对客户投诉的原因进行调查,协助开展对客户投诉案件的分析和处理工作,负责填制投诉统计报表。

④ 负责提交客户投诉调查报告,分发给企业有关部门。

⑤ 负责协助客户办理退换货手续。

⑥ 负责提交投诉处理过程中客户反映的意见和跟踪处理结果,并提交相关部门。

⑦ 定期向主管领导汇报客户投诉管理工作情况。

⑧ 负责受理客户投诉,跟踪投诉处理过程,及时将投诉处理结果反馈给客户,并协助做好客户回访工作。

课堂体验:请列举出 2~3 个班委会职位的岗位职责。

_____

_____

二、活动安排

(一) 活动内容

(1) 以小组为单位,对每组物流公司的客户服务部门进行岗位设置。

(2) 对已设置的岗位明确职责,并形成列表,填写表 2-3。

表 2-3　小组活动控制表

活动步骤与内容安排	时间	负责人	注意事项	记录

(二) 成果展示

每组在完成上述工作后,选派一名代表,将本组的构思以 PPT 的形式展示,其他成员可作补充。

当一个小组展示完毕后,其他小组可对其提出疑问,由展示组成员负责解答。

全体同学进行互相评价。

任务评价

见附录。

应用训练

如果你是上海××快递公司客户服务部主管,为了提高服务质量,在招聘时非常注意挑选合适的人,要求客服人员必须经过严格的培训后才能成为客户服务人员。同时,通过投诉系统来调研、追踪和掌握客户的感受,适时调整服务方式,统一物流客户服务质量标准,并且对服务态度、服务方式等用指示性与限制性相结合的服务规范加以约束。

请根据上述描述,补充修改上海××快递公司客户服务部主管的岗位职责。

拓展提升

客户基础资料的定期更新

物流企业的客户档案信息要不断进行更新,实行动态管理,这是因为客户本身的情况是不断变化的。基础资料的定期更新、修改是客户服务专员的岗位职责。

下面是客户服务专员与客户联系人之间的对话。

客服:李主任,您好!我是凯通物流有限公司的客服专员小王,工号 073。打扰您了,今天给您打电话主要是想跟您确认一下贵企业的基本资料,以便于我们为贵企业提供更好的服务。

客户:好的。

客服:李主任,贵企业的地址是北京市朝阳区××南大街 179 号,对吗?

客户:嗯,对。

客服:您的联系电话 010-8537××47,传真 010-8537××79,手机 1839826××23,E-mail: x-kicker75@163.com,这些信息有变动吗?

客户:联系电话和传真号换了,现在的联系电话和传真都是 010-8537××08。

客服:嗯,好的,我记录一下。其他信息还有变动的吗?

客户:没有了。

客服:李主任,非常感谢您的配合,祝您工作愉快,再见。

客户:好的,再见。

　　通过与客户沟通,凯通物流有限公司的客服专员小王,发现客户基本信息已发生变动,根据客户服务专员的岗位职责要求,小王迅速更新了客户基本信息,见表 2-4。

表 2-4　更新后的客户基本信息

企业名称	全速汽车集团公司		所属行业	汽车
地址	北京市朝阳区××南大街 179 号		邮编	100021
简介	大型跨国汽车企业,香港 H 股上市的民营汽车企业,其产品远销全球 120 多个国家和地区			
联系人	李刚		联系电话	010-8537××08
职位	市场部主任		手机	1839826××23
传真	010-8537××08		E-mail	x-kicker75@163.com

　　试想,如果客户服务专员小王没有按照岗位职责的要求去完成工作,将会为该物流公司带来怎样的损失?

任务三　研读物流企业客户服务人员的工作规范和工作标准

任务描述

　　李均和王武钢两位同学在讨论任务二拓展提升中的案例故事。李均认为,客户服务专员履行岗位职责非常重要,但要成为一名合格的、训练有素的客户服务人员,还必须熟悉物流客户服务岗位的工作规范和工作标准。王武钢很赞成李均的观点。

　　那么,物流企业客户服务人员的工作规范和工作标准到底有哪些呢?

任务目标

1. 熟悉物流企业客户服务主要工作岗位的工作规范。
2. 掌握物流企业客户服务主要工作岗位的工作标准。

任务实施

一、知识准备

（一）物流企业客户服务主要工作岗位的工作规范

1. 日常考勤管理工作规范示例

（1）出勤时间：8：30—17：30 和 17：30—21：30（午餐时间：12：00—13：00；晚餐时间：18：00—18：30），采用轮班制度。

（2）考勤实行打卡制度，规定工作时间开始 10 分钟后到岗为迟到；于规定下班时间前离去为早退。迟到、早退 3 次按旷工一天处理，一月内累计 5 次迟到、早退者，按旷工 2 天处理。

（3）公司实行轮班制度。由于客服岗位需要连续不间断工作，因此，员工需要执行公司轮班制度。因工作需要，员工有义务进行有偿加班，双休日加班工资为基本工资的 2 倍，法定节假日加班工资为基本工资的 3 倍。

（4）如因公无法考勤，需填写申请单，经部门经理签字同意后交行政部备案。

（5）因病、事请假者，需提出书面申请，经部门经理批准后备案，病假需持医院有效证明作为依据。

（6）员工必须亲自签到，不得代签。

2. 客户服务人员服务礼仪工作规范示例

（1）仪表、仪容方面。`

客服人员工作时，应统一着工装，男性应不留长发、不染发，不留长指甲，不留胡须，工作时间不饮酒吸烟；女性在工作中化淡妆，可以适当使用香水，一般不可佩戴过多的首饰。头发应清洁、整齐，没有头垢、头屑。无论女性还是男性在工作中应避免皱眉、眯眼、咬唇、做怪脸、挖鼻等不良习惯性小动作。

（2）仪态方面。

① 站姿规范。身姿应挺直、舒展，站得直，立得正，线条优美，精神焕发。抬头，目视前方，挺胸直腰，肩平，双臂自然下垂，收腹，双腿并拢直立，脚尖分呈 V 字形，身体重心放到两脚中间。脚跟并拢，脚尖分开 45 度。

⚠️ **体验活动**：站姿训练

（1）面向镜子，按照动作的要领体会站立姿势。

（2）头顶可放本书，练习颈直和头颈部的稳定性。

（3）靠墙站立或两人一组背靠背站立，要求脚跟、小腿、双肩、后脑勺都贴紧墙或另一个人，练习身体直立，腰身挺拔。

以上训练每次应坚持 30 分钟左右,客服人员应着工作服,女生穿半高跟鞋进行练习,以增强训练的实效性。训练时可以播放优美的音乐,有利于保持愉快的心情。

② 坐姿规范。入座时,要轻要稳,不要赶步。坐下后,头部要端正,面带微笑,双目平视,嘴唇微闭,下颌微收。双肩平正放松,挺胸、立腰,两臂自然弯曲,双手放在膝上,掌心向下。女性亦可以一手轻握另一手腕,置于身前,双腿自然弯曲,双膝并拢,双腿正放或侧放。不要跷二郎腿,尤其不要跷着二郎腿还上下踮脚晃腿,两手不要漫不经心地拍打扶手。

⚠ **体验活动:坐姿训练**

（1）加强腰部和肩部的力量与灵活性训练,具体方法:经常进行舒肩展背动作的练习,同时利用器械进行腰部力量的训练。

（2）面对镜子,按照动作的要领体会不同的坐姿,经常性地纠正和调整不良习惯。

③ 走姿规范。腹部略微收紧,两臂自然前后摆动,走时步伐要轻要稳。行进间不要将手插在衣袋裤袋里,也不要背着手,不要摇头晃脑,不要因懒于立腰而使身体在行进间扭来扭去,走路时脚步要利落,有鲜明的节奏感。

⚠ **体验活动:走姿训练**

（1）靠墙站立,背靠墙壁,将肩背、臀部和脚跟靠在墙上,进行身体的直立和挺拔训练。

（2）在人行道和走廊等宽敞而安全的地方,沿着地面砖的直线纵隙进行直线走姿练习;同时依据地面砖的尺寸进行步幅练习。

（3）头顶书本行走,进行整体平衡的练习。

（4）对镜行走,进行面部表情等整体协调性的练习。

（3）态度方面。

① 微笑服务。客服人员要在工作岗位上表现出诚恳、热情、和蔼与耐心的工作态度,做到微笑服务,时刻保持良好的工作情绪。

② 客户至上。真诚地为客户解决服务中出现的问题。

③ 换位思考。站在客户的角度,感受客户体会,提高服务质量。

④ 重视细节。态度决定一切,细节决定成败,重视细节,提高客户满意度。

（二）物流企业客户服务主要工作岗位的工作标准

下面以物流企业呼叫中心的客户服务岗位为例认识其工作标准。相关的概念如下:

1. 跟进时间

跟进时间是指一次呼叫电话接听完毕,客服人员完成与此次呼叫有关的后续处理所需要的时间。

2. 平均放弃时间

平均放弃时间是指客户放弃呼叫前平均等待的时间,以秒来计算。全行业平均放弃时间为 60 秒,一般来说,如果等待时间很短就放弃,表明客户等待的耐心有限,原因可能是有其他呼叫中心可以选择,也可能是不喜欢呼叫不成功状态。两者都必须引起重视,采取相应措施,提高客户服务水平。

3. 平均交谈时间

平均交谈时间是指客户与客服人员在线交谈的平均时间长度。建议平均交谈时间不超过 4 分钟。

表 2-5 为某物流公司呼叫中心客户服务岗位的工作标准。

表 2-5 某物流公司呼叫中心客户服务岗位的工作标准

岗位	标准一	标准二
座席	100%开单准确率	受理时间短于 5 分钟/次
	每天 100 个以上电话量	每次跟进时间为 3 分钟以内
投诉	70%的按时完成率	交易金额 500 元内的投诉 4 小时内处理完成
查询	80%的按时完成率	1 小时内完成查询
总调	100%在 3 分钟内下达指令	98%的按时取货率

二、活动安排

(一) 活动内容

(1) 以小组为单位,制订物流公司的客户服务部门岗位工作规范和工作标准。

(2) 制作 PPT,填写表 2-6。

表 2-6 小组活动控制表

活动步骤与内容安排	时间	负责人	注意事项	记录

(二) 成果展示

每组在完成上述工作后,选派一名代表,将本组的构思以 PPT 的形式展示,其他成员可作补充。

当一个小组展示完毕后,其他小组可对其提出疑问,由展示组成员负责解答。

全体同学进行互相评价。

任务评价

见附录。

应用训练

上网查找资料,对客户服务部门其他岗位的工作标准进行研究讨论,熟悉物流企业客户服务部门各岗位的工作标准。

拓展提升

凯通物流有限公司客户服务中心客户服务专员特色化服务工作标准

凯通物流有限公司客户服务中心针对客户服务专员提出了特色化服务工作标准。

"三心二意":贴心:想客户之所想,急客户之所急,贴心顺意。**耐心**:不急不躁,心平气和,耐心沟通。**交心**:推己及人,换位思考,交心交友。**实意**:不敷衍,不欺骗,诚心实意,真诚待人。**情义**:不世故,不势利,大小客户平等相待,讲情重义。

服务三字诀:心:真正用心为客户提供服务。语:沟通说话礼貌亲切。手:行为举止大方有礼。

三准:工作赴约要准时;工作完成要准确;工作提前要准备。

七心:检查收货要细心;接待客户要耐心;工作细节要精心;遇到困难有信心;坚持努力有恒心;解决问题要换心;公司客户可放心。

五不许:提高时间观念,不许无故迟到早退;加强公司团结,不许传播小道消息;加强公司纪律,不许自由散漫粗心大意;注意个人情绪,不许和客户发生争执;加强公司管理,不许自以为是不服从领导管理。

特色化服务标准提高了客户服务工作的质量,拉近了与客户间的距离。

任务四 认知物流企业客户服务人员的职业要求

任务描述

老师在本节课请来了一位物流行业专家,行业专家将通过亲身经历和实际经验给同学们讲解物流客户服务岗位需要具备的职业能力与素质。李均和王武钢两位同学非常兴奋,准备了很多的问题想向这位资深的行业专家请教。

任务目标

1. 熟悉物流企业客户服务人员应具备的能力和素质。

2. 掌握物流企业客户服务人员的职业发展规划。

任务实施

一、知识准备

（一）物流企业客户服务人员应具备的能力和素质

物流企业客户服务人员应具备的能力和素质见表2-7。

表2-7　物流企业客户服务人员应具备的能力和素质

序号	必备素质	必备能力
1	心理素质	"处变不惊"的应变能力； 挫折打击的承受能力； 情绪的自我掌控及调节能力； 满负荷情感付出的支持能力； 积极进取、永不言败的良好心态
2	品格素质	忍耐与宽容； 注重承诺，不失信于人； 勇于承担责任，从不推卸责任； 拥有博爱之心，真诚对待每一个人； 谦虚是做好客户服务工作的要素之一； 强烈的集体荣誉感
3	技能素质	良好的语言表达能力； 丰富的行业知识及经验； 熟练的专业技能； 优雅的形体语言表达技巧； 思维敏捷，具备对客户心理活动的洞察力； 具备良好的人际关系沟通能力； 具备专业的客户服务电话接听技巧； 良好的倾听能力
4	综合素质	"客户至上"的服务观念； 工作的独立处理能力； 各种问题的分析解决能力； 人际关系的协调能力

　　物流客户服务人员是物流服务活动的主体，是物流企业与客户联系的桥梁和纽带，既要对物流企业负责，又要对客户负责，这就要求物流客户服务人员必须明确自己所应承担的职责。因此，在物流活动过程中，物流客户服务人员的能力和素质就显得尤为重要。

　　物流客户服务人员的能力和素质是经过后天学习、训练形成的，包括客服人员的思想观念和品格、能力水平、知识结构、身心素质等。虽说人人都可以成为客户服务人员，但要成为一名称职的客户服务人员,必须具备与之相适应的素质与能力。

> ⚠️ **课堂小体验:优秀的客户服务人员应该养成怎样的习惯**
>
> (1) 保持激情的习惯。有激情,才有动力,才能感染自己和其他人;有激情,才能克服一个个困难,最终成为一名优秀的客服人员。
>
> (2) 专注的习惯。抓准一个点,然后像钉子一样钻下去。客服工作需要专注和钻研,不仅你的专注习惯会影响你,也会影响你的客户。
>
> (3) 执行的习惯。"不仅知道,更要做到!"对于客服工作就是要心到手到。
>
> (4) 学习的习惯。成为一名优秀客户服务人员的过程就是不断挑战自我的过程,只有学习才能让你不断地提高自身素质,快速成为优秀的客户服务人员。
>
> (5) 反省的习惯。重复犯错是缺乏反省的典型表现,也是成为优秀客户服务人员最大的障碍。"事不过三",经常反省自己的得失,会使自己更快成功。

(二) 物流企业客户服务人员职业发展规划

1. 职业发展规划的含义

职业发展规划是个人对自己一生职业发展道路的设想和谋划,是对个人未来发展的展望,是实现个人职业理想的前提。成功的人离不开正确的职业发展规划。

2. 职业发展规划的内容

职业发展规划的内容一般包括以下几方面:

(1) 自我定位,包括职业兴趣、职业能力、职业价值观等的定位。

(2) 职业分析,包括家庭环境分析、学校环境分析、社会环境分析、职业环境分析等。

(3) 职业定位,包括确定职业目标、职业发展路径。

(4) 具体方案,包括近期目标、中期目标、长期目标。

(5) 评估改进,即对规划方案进行及时调整。

3. 物流企业客户服务人员职业发展规划步骤

物流企业客户服务人员的职业发展规划可分为以下四个步骤:

(1) 基本情况分析。

① 了解物流企业客户服务人员所能选择的岗位群及发展状况。如客户服务前台接待岗位群、呼叫中心岗位群、客户关系管理岗位群、服务质量管理岗位群、大客户管理岗位群等。

② 个人基本情况分析。正确分析自己的性格及兴趣爱好,只有正确地认识自己,才能更加准确地发挥自己的长处,才能让职业发展更加顺利。

(2) 确立发展目标。在充分了解和分析基本情况后,选择适合自己的职业发展方向,明确具体的发展目标并及时抓住机遇,是职业发展规划中最关键的一步。有目标就有了前进的方向和动力,这样才有可能取得成功。

职业发展目标分为短、中、长期目标,可以通过预测、衡量、比对的方式来确定。目标选择要慎重,它决定着职业发展的方向。

课堂体验:请订立本学期的学习目标,要求具体、明确且可实现。

_____

_____

（3）制订职业发展规划方案。实现职业发展规划目标,要有切实可行的方案。没有方案的规划是一个无法实现的规划。应充分利用资源制订合理的职业发展规划方案。

（4）检查改进。要定期检查职业发展规划的可行性、有效性。主要检查两方面内容:是否按计划好的时间进度执行,环节是否存在问题;是否按期完成计划,达到预期效果。根据检查的结果及时调整改进职业发展规划。

二、活动安排

（一）活动内容

（1）描述职业生涯规划步骤。

（2）小组成员交流各自的物流客户服务人员职业发展规划目标。

（3）小组成员讨论并填写个人的物流客户服务人员职业发展规划表,见表2-8。

表 2-8　物流客户服务人员职业发展规划表

近期目标			
项目	要求	时间	方案
性格调整			
行为习惯			
社会能力			
职业资格			
专业资格			
备注			

（二）成果展示

每位同学经小组讨论填写完成物流客户服务人员职业发展规划表,按抽签的方式,展示填写好的表格。

展示完毕后,行业专家可对其提出疑问,由展示成员负责解答。

全体同学进行相互评价。

任务评价

见附录。

应用训练

分组讨论:从职业化的工作形象、工作态度、工作技能、工作道德几方面来讨论如何把自己打造成为职业化的客户服务人员。小组成员可以采用头脑风暴法——列举具体表现。

拓展提升

将未来"装"点起来
——我的职业生涯规划设计

物流 801　王武钢

一个有事业追求的人,可以把"梦"做得高些。虽然开始只是梦想,但只要不停地做,不轻易放弃,梦想一定能成真。

——题记

我的梦想:做一名职业物流师

一、自我认识

1. 基本介绍

我的名字叫王武钢,今年 17 岁,来自湖北省武汉市。中考后我报考一所职业学校,因为怕与人打交道,以为从事物流工作将来只与货物打交道,就选择了物流服务与管理专业。就读之后,发现从事物流这一行业不但要会管理货物,而且还要善于与货主沟通,为其提供全方位的服务。现实逼着我在学校参加物流社活动,锻炼自己与人沟通的能力。现在,我不仅胜任了物流社社长的工作,还能和文体部的同学将物流基层岗位工作技能用小品的形式在舞台上呈现,连续两年在学校艺术节上获奖。再过一年,我就要毕业了。我打算在自己热爱的服装物流领域做一名职业物流师。

2. 兴趣爱好

我喜欢上网,我爱看微博,关注一些潮人新鲜事,现阶段的潮流元素是什么,要怎样选择适合自己的娱乐方式。我喜欢看书,虽然对专业的纯理论的书籍有些看不进去,但对于那种在小故事里讲出大道理的书却总是爱不释手。我认为,看书是多多益善的,可以增长一个人的知识,并且对人的思想起引导作用。

3. 性格特征

我是一个外向的男孩,性子急,不扭捏,做事不爱拖沓。我喜欢新鲜的事物,具有较强的亲和力。

4. 我的能力

我有很强的沟通能力,总能在陌生的环境中结识一群要好的朋友。在周末,朋友们经常拉着我去打球、聊天。

5. 我的不足

我还未能克服惰性,英语和计算机水平不高,服务意识还不够强,对物流企业运营知识掌握得不够多,社会经验不足。

二、环境分析

1. 生活环境

我生活在一个充满爱的家庭,家庭的和谐让我的童年在快乐中度过。我的家庭经济条件一般,爸爸的服装加工厂刚刚起步,还没开始盈利,现在家里全靠妈妈这个裁缝的收入支撑。

2. 社会环境

武汉是座人口较多、交通便利、商业繁华的城市。服装店遍及三镇,物流需求非常大。物流公司基层岗位员工缺口较大,为我顺利进入物流企业提供了很好的机会。

三、奋斗目标

1. SWOT 分析

S——优势。因家庭背景比较熟悉服装行业。年轻,有精力,肯吃苦。熟知年轻人的喜好。遇到挫折不退缩,勇于拼搏。

W——劣势。对服装物流没有实质性的经验。初出茅庐,社会经验也不足。

O——机会。人们对服装的需求较大,毕竟人人都会买衣服。另外,年轻人对服装的购买欲望比较高。

T——威胁。现阶段服装店太多,竞争压力大,物流需求呈现小批量、多批次的需求特征,物流成本增加。

2. 职业生涯具体实施方案

(1) 时间跨度为 2018—2022 年。

计划内容。在校期间认真学习,业余时间通过网络、图书积累服装物流方面的知识。另外,毕业之后我会去北商物流公司工作一段时间,学习实际运营。

预期效果。懂得如何与服装厂打交道,如何为店商提供服装货源,如何结算费用,如何租车更省成本,等等。

(2) 时间跨度 2021—2024 年。

计划内容。我会注册一家服装物流公司,选择与几个服装品牌代理商合作,为他们在武汉市区店(柜)提供采购、配送等服装物流服务。当公司开始盈利后,我会利用资源开设网店,并为本市网购客户送货,以扩大经营范围。

预期效果。拥有较大的业务量,并且在行内有着良好的信誉与知名度,让人际关系促进事业发展。

……

四、行动方向

1. 行动目标

2018—2021 年　以优秀的成绩毕业,为入职作准备。

2021—2022 年　在北商物流公司工作,学习实际运营。

2022—2024 年　开业之初,为实体店与网店配送。

2024—2034 年　增加收益,供应链管理。

2034—2044 年　开自己的服装厂,集设计、制作、销售、物流于一体。

2. 具体操作(略)

五、发展与风险(略)

六、结束话语

一分耕耘一分收获。虽然我现在已经做好了这份规划,但是谁都知道,创业不是写出来的,而是做出来的。也许我在创业之初会遇到很多很多挫折,但是我不会放弃,而是会坚持为自己的梦想而奋斗。

我拼搏,我快乐!这是我的企业,我将会视它如宝。我相信:一直持之以恒,我终会拥有一片属于自己的蓝天,将未来"装"点起来!

巩固提高

一、单项选择题

1. (　　)是个人对自己一生职业发展道路的设想和谋划,是对个人未来发展的展望,是实现个人职业理想的前提。

A. 工作计划　　　　　　　　B. 职业发展规划

C. 个人规划　　　　　　　　D. 年度计划

2. 物流企业的产品是为广大客户提供满意的服务,(　　)是物流企业一种特殊的产品,同时也是物流企业的核心产品。

A. 社会服务　　　　　　　　B. 产品服务

C. 个人服务　　　　　　　　D. 物流客户服务

3. (　　)是根据经营管理工作的需要而设置的承上启下的管理机构,该层次人员依据顶层管理层下达的任务制订合适而具体的执行目标,来指导经营活动,使企业的经营管理目标和利润得以实现。

A. 顶层管理层　　　　　　　B. 中间管理层

C. 基层管理层　　　　　　　D. 高层管理层

4. (　　)是最简单的一种组织结构类型,是一种低复杂化、低正规化和集权化的"扁平"结构。

A. 直线型组织结构　　　　　B. 职能型组织结构

C. 直线—职能型组织结构　　D. 事业部型组织结构

5. (　　)是企业的动力,是企业的利润来源。

A. 产品　　　　　　　　　　B. 投资者

C. 客户　　　　　　　　　　D. 经营者

二、多项选择题

1. 无论是哪种客户服务战略,都包含的基本要素有(　　　　)。

A. 客户选择　　　　　　　　B. 成本领先

C. 价值获取　　　　　　　　D. 战略控制

E. 业务范围

2. 目前主要有三种类型的物流企业,分别是(　　　　)。

A. 综合型物流企业　　　　　B. 运输型物流企业

C. 仓储型物流企业　　　　　D. 配送型物流企业

3. 物流企业常见的组织结构有(　　　　)。

A. 直线型组织结构 B. 职能型组织结构

C. 直线-职能型组织结构 D. 事业部型组织结构

4. 物流客户服务人员应具有的基本素质有( )。

A. 心理素质 B. 品格素质

C. 技能素质 D. 综合素质

5. 物流客户服务部门岗位设置是物流客户服务部门开展日常工作的基础,岗位设置的主要内容包括( )。

A. 工作内容 B. 工作职责

C. 工作关系设计 D. 工作任务

三、判断题

( )1. 物流企业在为广大客户服务的过程中,每个时期都应具有良好的服务策略,此外不用制订长远的服务规划。

( )2. 不同业态的物流企业在客户服务岗位的设置上既有相同岗位又有不同岗位。

( )3. 职能型组织结构的优点是统一指挥,职能专业化。

( )4. 对于不属于自己岗位职责范围内的客户咨询,可以不予理睬。

( )5. 跟进时间是指一次呼叫电话接听完毕,客服人员完成与此次呼叫有关的后续处理所需要的时间。

四、案例分析题

顺丰速运助力复工复产

随着生鲜电商的发展,消费者对商品的时效、鲜度、品质有了更高的标准。2020 年 4 月 21 日顺丰速运发布《顺丰生鲜水果寄递解决方案》,对运输模式、揽收时效提出了新的优化方向,并针对可能出现的突发状况,设置异常处理机制。

1. 模式升级

为满足客户不同体量、不同运输场景的需求,顺丰提供了两种核心模式:从水果产地直接发出、时效稳定的原产地直发模式;由全国各地冷仓/常温仓统一发出,减少运输成本与中转的仓配模式。

2. 时效保障

在主产区,顺丰网点持续下沉,深入各乡镇中心布置上万个自营网点,加强一线人员的部署力度;通过给客户提供批量打单的便捷操作、预处理中心的"一件代发"功能,提升揽收时效。依托顺丰配送网络和科技系统,进行货品全生命周期管理,提供包裹在途跟踪、客服售后等服务机制,当出现发货延迟、天气或道路异常等特殊突发情况时,异常处理机制将极速运作,尽力保障特色农产品运输时效稳定、畅行无忧。

3. 应急响应

在疫情期间各地物流运输因疫情遇到阻力的情况下,针对高峰期可能会出现的资源短缺情况,顺丰利用"天网"+"地网"的优势运输能力,快速调动专机、高铁、冷藏车等运输资源,全面调动运能支持,保障农产品快速发运,保障物流服务好品质。

受 2020 年新冠疫情的影响,不少果农、果商面临销售难、资金短缺的情况,国家与多地政府也陆续出台了相关扶持政策。面对疫情,顺丰积极响应政府号召,在保证不停运的同时,针对存在滞销问题的贫困县,提供助农扶农专项资金补贴,为农商户进行运费减免,预计将减免 3 000 万物流运输费用,助力当地企业有序复工复产。

　　问题:(1) 为了满足消费者对生鲜产品物流服务要求的提高,顺丰速运生鲜产品寄递做了哪些优化?

　　(2) 预测这些优化会给顺丰速运带来哪些影响?

项目三　培养物流客户服务基本礼仪与沟通能力

任务一　掌握客户沟通礼仪

任务描述

李均和王武钢两位同学即将去企业客户服务岗位轮岗实训,摆在他们面前的难题有很多:与客户交往时,应该注意什么;打电话、回复客户咨询函应该注意哪些礼节;网络客户服务值班使用即时通信软件与客户在线交流时,"火星文"还能不能用……带着上岗前的兴奋与不安,他们走进了综合实训课堂。

任务目标

1. 理解物流企业接待礼仪的重要性。
2. 懂得物流企业客户服务人员接打电话、收发传真的礼仪。

任务实施

一、知识准备

(一) 物流客户接待礼仪

礼仪是人类为维系社会正常生活而要求人们共同遵守的最起码的道德规范,它是人们在长期共同生活和相互交往中逐渐形成的,并且以风俗、习惯、传统等方式固定下来。

对个人而言,礼仪是一个人的思想道德水平、文化修养和交际能力的外在表现。对一个企业来说,礼仪是文明程度、道德风尚和企业文化的反映。

企业礼仪教育的内容涵盖社会生活的各个方面。从内容上看,有仪容、举止、表情、服饰、谈吐、待人接物等个人礼仪;从对象上看,有个人礼仪、公共场所礼仪、接待礼仪、餐桌礼仪、馈赠礼仪、文明交往礼仪等。

> ⚠ **小卡片**：礼仪、礼节、礼貌
>
> 　　礼仪是指在人际交往中，以一定的、约定俗成的程序方式来表现的律己敬人的过程，涉及穿着、交往、沟通、情商等内容。礼节是指在人际交往过程中的行为规范。礼貌是指礼仪在言语动作上的表现。

1. 礼仪的原则

基本的礼仪原则如下：一是敬人的原则，就是在社会交往中要尊重他人；二是自律的原则，就是在交往过程中要克己、慎重、积极主动、自觉自愿、礼貌待人、表里如一、自我对照、自我反省、自我要求、自我约束，不能妄自尊大、口是心非；三是适度的原则，即适度得体，掌握分寸；四是真诚的原则，即诚心诚意，以诚待人，不逢场作戏、言行不一。

2. 物流客户接待礼仪的作用

在物流企业，接待客户最多的地方就是客户服务部（或业务部）。接待客户时，要技巧圆熟且有诚意。客服人员的一举一动都会影响客户对公司的印象。良好的接待礼仪对物流企业的利处很多，具体如下：

（1）提高客户服务人员的个人素质。

（2）对物流服务客户表示尊重，更好地服务客户。

（3）塑造并维护公司的整体形象。

（4）使公司创造出更好的经济效益和社会效益。

3. 物流企业客户服务部接待工作要点

（1）物流企业接待客户态度。

① 接待物流企业客户时，应做好充分准备。例如，可列出如下的客户接待准备清单：

> **客户接待准备清单（完成后在项目前标注）**
>
> □ 熟悉客户基本资料（如姓名资料等）。
>
> □ 确定接待时间及地点。
>
> □ 确定活动进程表，并提前打印好。
>
> □ 准备会议座次表及指示牌。
>
> □ 准备会议材料、文具。
>
> □ 检查接待场地的环境卫生及布置。
>
> □ 检查接待物料是否准备充足（如茶水、一次性用具等）。

② 主动招呼来访客户，以愉快的心情向来访客户打招呼。

- 必须站起来向来访客户说声："欢迎！"
- 上午11点前可以说声："早安！"
- 午后可以说一声："您好！"

③ 填写来访客户名册。

- 询问客户是否事前已预约。
- 礼貌地请客户签名，并请他们佩挂宾客名牌（如果公司有相关规定）。

（2）迅速、准确地传达联络。当客户服务人员清楚来访客户的公司名称及姓名后，应向客户说一声："请稍等一下，我立刻通知×××先生（或女士）。"并迅速与有关人员联络。

同时接待多个访客时应注意以下事项:

① 应该依访客的先后顺序进行处理。

● 请访客按顺序在沙发上候坐,以等待登记。

● 如让访客等候,要说:"对不起,让您久等了。"

② 联络会晤人员。

● 联络后,引领访客到会客地点并向访客说:"已联络了×××。他(她)现在正在前来会客室,请您坐下稍等。"

● 如需等待或会晤人员没空,询问访客可否由其他人做代表来与他会晤。

③ 会晤人员不在时。客户服务人员首先要向访客致歉,礼貌地说:"对不起,×××有事外出了。"

如果访客询问会晤人员去向,可告知访客实情。继而询问是否需要留言或会晤其他人员,有没有什么物件需要转交给会晤人员等。

④ 当访客没有指定的会晤人员时,问清其来访的用意,然后联络有关部门的负责人。

(3) 引领访客。场所不同,引领访客时的要点也不同。

① 走廊上:走在访客侧前方两步至三步。当访客走在走廊的正中央时,客户服务人员要走在走廊的一侧,偶尔向后望,确认访客跟上;当转弯时,要招呼一声说:"请这边走。"

② 楼梯上:先说一声:"在×楼。"然后开始引领访客上楼。上楼时应该让访客先走,因为一般认为高的位置代表尊贵。在上下楼梯时,不应并排行走,而应当右侧上行,左侧下行。

③ 电梯内:首先,客户服务人员要按动电梯的按钮,同时告诉访客目的地是在第几层。如果访客不止一个人,或者有很多公司内部的职员,应先进入电梯并站在一角,按着开启按钮,引领访客进入,然后再让公司内部职员进入。即请访客先进入,以示尊重。离开电梯时,也应按着开启按钮,让访客先出。如果公司上司也在场,让上司先出,然后客户服务人员才步出。

(4) 入座,上茶。

① 会客室的准备工作。例如,可列出如下的会客室准备清单:

会客室准备清单(完成后在项目前标注)

□室内是否通风。

□地上是否有烟灰、纸屑。

□会客桌是否干净。

□沙发是否整齐清洁。

□墙上挂钟的时间是否正确。

② 开门后客户服务人员站在门的侧面,说:"请进。"请访客进去。进门后随手关门。

③ 访客进入会客室后,应请他坐上座,并说:"请稍等一会儿。"

④ 当访客在会客室入座后,选择杯身花样相同、数量与来访客户数相同的茶杯,为访客茶杯中注入浓度相同的茶水,并微笑着用左手托着茶盘,右手将茶水逐一拿给客人。端茶给客人时,要先给坐在上座的重要访客,然后按顺序给其他访客;一般要从客人的右后方将茶递给客人,并说声:"请喝茶。"

> ⚠️ **小贴士**：巧识上座
>
> 接近入口处为下座,对面是上座。
>
> 有椅子与沙发两种座位时,沙发是上座。
>
> 如果有一边靠窗,能看见窗外景色的为上座。
>
> 西式房间中,有暖炉或装饰物在前的是上座。

（5）替访客保管物品。通常接待处不保管访客的物品,如果有访客提出此类要求时,首先要问对方一句:"请问有贵重物品吗?"

课堂讨论:为什么在帮客户保管物品时,首先要问"请问有贵重物品吗"?

_____

_____

_____

当访客离去,忘记从接待处取回放置的物品或托付保管的物品时,客户服务人员有责任通知访客。找个适当的时间致电给当事人,如果不是当事人接电话,切勿将当事人遗落物品的事告知对方。

为避免出现访客遗落物品的情况,当访客要离去时,应迅速检查放在接待处的物品或即时检查会客室,看是否有物品遗落。

（6）送客。通常情况下,当访客正要离去时,应向他们说:"谢谢您的光临。"特别的访客,则应带领访客到电梯前,替他按按钮,当访客进入电梯后,在门未关闭前,向访客告别。

（二）物流企业客户服务人员接打电话的礼仪

客服部是物流企业面向客户的窗口,而客户服务人员的电话服务无疑是窗口中的影像,会给客户带来最初服务体验。因此,接打电话是物流企业员工进行客户服务的基本服务技能。接打电话时应注意以下几方面:

1. 塑造充满磁力的声音

通过电话为客户服务时,物流企业客户服务人员的声音与态度是客户所感觉到的全部。心理学家指出,在电话交谈中,声音质量在第一印象中的影响力占70%,而话语只占30%。因此,要树立良好的形象,就必须注重自身声音的质量。

（1）咬字必须清晰。客户服务人员说话要让客户听得清楚,听得懂。

（2）音量比正常说话略高。客户服务人员说话的音量要略高于平时说话,适当的高音要比低沉的声音更易让对方接受,也较容易给对方留下声音清晰的好印象。但是,太高音量的声音也会使对方不舒服。即将音量略微提高些,尽量说清楚。

（3）语言要流畅。客户服务人员说话语言要连贯,不要掺杂口头语。如"这个、那个""嗯、啊、呀"等,让人听起来有拖泥带水的感觉。

（4）掌握好发音。客户服务人员要掌握好基本的发音方法。例如,可以采用胸腹式呼吸法,即胸腔、腹腔都配合着呼吸进行收缩或扩张。客户服务人员的嗓音应该柔和、动听且富有表现力,还应注意调节口腔共鸣,这样可使音色柔和、响亮和动听。

（5）吐字清楚。客户服务人员应熟练地掌握常用词语和标准音,熟悉每个音节的声母、韵母、声调,按照它们的标准音来发音。

（6）掌握好重音和轻音。客户服务人员声音的轻重能使话语变得色彩鲜明、形象生动,从而提高客户的满意度和忠诚度。

（7）掌握好语调。客户服务人员声音的高低升降变化,可以增强语言的表现力、感染力。

⚠ **小贴士：语调**

（1）升调。升调一般用在疑问句、反问句、短促的命令句,或表示愤怒、紧张、警告、号召的句子里。客户服务人员在使用时,应注意前低后高、语气上扬。

（2）降调。降调一般用在感叹句、祈使句或表示坚决、自信、赞扬、祝愿等感情的句子里;表达沉痛、悲愤的感情,一般也用这种语调。客户服务人员使用时,注意音调应逐渐由高而低,尾字低而短。

（3）平调。平调一般多用在叙述、说明或表示迟疑、思考、追忆等的句子里。客户服务人员使用时注意要始终平直舒缓,没有显著的高低变化。

（4）曲调。曲调一般用于表示特殊的感情,如讥笑、夸张、强调、双关、特别惊异等句子里。

2. 正确使用语言

正确使用语言可以使沟通得到进一步的延续,给客户一种良好的感觉,并树立一种良好的形象。若语言使用不当,则无法吸引客户的注意力,甚至有时会令客户产生反感。

（1）要遵循一定的礼仪,使用敬语。无论是接听客户来电还是主动呼叫,都要使用敬语,如"您""您好""请您""请问"等。在获得确切的姓氏或姓名后,应尊称"×先生"或"×小姐（女士）",让客户产生被尊重的感觉。

（2）用词要有所选择,使沟通过程更有效。要选择开口度大、发音比较响亮的词,如可以说"到××站下车",而不要说"至××站下车",以确保信息传递的效果。

应避免同音词造成歧义,减少客户的误解;要多用褒义词,少用贬义词,褒义词能给人一种平和的、积极向上的感觉,而贬义词往往给人以消极感。

要用通俗易懂的词,无论是回答客户问题还是了解客户的需求,都应简洁明了。避免使用专业术语和生僻词,从而保持与客户的亲近感。

（3）要注意选择合适的句式。多用设问句、商讨句,少用反问句、否定句。例如,当客户流露出不太清楚的意思时,我们可以说:"我是不是没讲清楚,我再换一种方式给您解释。"而不能说:"您怎么还不明白我的意思?"或者"我已经跟您讲这么多了,您怎么还不清楚呀?"这些句式容易激怒客户,甚至可能遭到客户的投诉。

（4）要恰当运用附加语。会运用句首附加语,如"我想""我是这么想的"等,可以争取到更多构思应对策略的时间,有时还可简述客户的观点作铺垫,让客户有被尊重感。还应表示出与客户协商的口气,如"要不""您看这样行不行"等。

客户服务中最好的实践1

客户服务中最好的实践2

客户服务
中最好的
实践 3

客户服务
中最好的
实践 4

当与客户存在分歧，又不能直接否定，或者对客户提出的某些问题，一时没有把握确认是与否时，不妨采用附加语，如"这一条的意思就是……"等。

（5）问候语和结束语。礼貌、热情的问候语可以展示公司良好的形象，传递的是一种愿意为客户服务的声音，在问候中除了说"您好"以外，还需进一步提供有关的信息。例如："您好！××公司，××号客户服务人员为您服务，您需要什么帮助？"

在电话中，客户所提的问题得到解决后，不应急于挂电话，应主动向客户表示："×先生（×小姐），您还有其他问题吗？"如果客户表示没有，才可以主动说出结束语。

结束语仍要保持高度的热情，如"××号客户服务人员，感谢您的来电，再见！"等，还应牢记要等客户挂机后方可挂机。

（6）要注意语势的连贯性。有时不要让客户持线等待时间过长。但有时要进一步确认客户问题时，客户服务人员需到电脑中查询、确认，这时要主动征询客户意见，如"请您稍等，我帮您查一下，好吗？"停顿时间一般每隔 10 秒要向客户告知查询情况。

如果停顿时间超过预期时间，要再次征询客户意见，并做适当的解释。查询完毕，再次拿起电话时，应该说："对不起，×先生（×小姐），让您久等了！"

> ⚠️ **小贴士**：电话礼仪中的"宜"与"忌"
>
> 1. 电话礼仪中的"宜"
>
> 在刚接起电话时说"您好""上（下）午好"等。
>
> 在与客户交谈时，对于客户的问题做到积极响应。
>
> 让客户等待时一定要向其说明原因。
>
> 说话声音要清晰，语速不要过快。
>
> 说话期间要保持热情，语言语调要和蔼可亲、平易近人。
>
> 及时记录下客户提供的相关信息。
>
> 说"再见"之前要向客户表示感谢。
>
> 要在客户挂断电话后才能挂电话，要轻放话筒，不要用力摔电话。
>
> 2. 电话礼仪中的"忌"
>
> 接起电话后，没有任何问候语。
>
> 对于客户的咨询，长时间没有回应。
>
> 说话声音含含糊糊，音量太低，让客户听不清楚。
>
> 不做任何信息记录。
>
> 在客户急躁时表现得也不冷静。
>
> 未等客户挂电话自己先挂断电话。

3. 客户服务人员的工作姿势

作为客户服务人员，正确优雅的姿势不仅能减少职业病的发病概率，还能透过动听清晰的声音告诉客户：我很在意你，我正在认真听你说话……因此，客户服务人员必须掌握正确的工作姿势，培养良好的习惯，具体来说要做到以下几点：

（1）停止一切不必要的动作。

① 打电话过程中绝对不能吸烟、喝茶、吃零食等，不要以为打电话时"不见其人"就可

以姿态不雅、体态不雅。其实懒散的姿态对方是能够"听"得出来的,动作和肢体语言会微妙地在声调和语气中体现出来。如果坐姿端正,所发出的声音也会亲切悦耳,充满活力。

② 不要对着听筒打喷嚏、擤鼻涕或咳嗽,如果实在克制不住,可以先说声"抱歉",然后把头转到另一边去做。

（2）打电话时正确的姿态。

① 接打电话时用左手拿话筒,这样右手就可以空出来将对方所讲的话或重要事项记录下来。

② 坐时要挺直上身,这样有助于语调的提高,使声音更清晰。

③ 稳稳地握住电话听筒,以避免因姿态不好,没有拿好电话筒,导致电话筒滑落发出异响,将对方弄得莫名其妙。

④ 通话时,不要因为工作繁忙或是工作累了,而把电话放到脖子上或其他位置,这样会影响声音的效果。

> ⚠ **小贴士:**接打电话时的表情
>
> 接打电话时,不要忘记面带笑容。愉悦的笑容会使声音自然、轻快、悦耳,从而给对方留下极佳的印象。相反,若接电话时板着脸,一副心不甘、情不愿的样子,声音自然会沉闷凝重,无法让对方产生好感。

4. 接听电话礼仪

电话是现代人之间进行交流和沟通的便捷工具。各企业客户服务中心使公司的整体服务效率大幅度提高,作为客户服务人员,接听电话基本礼仪是其基本素质的具体体现。

（1）电话铃声响过两声后接听电话。通常,应该在电话铃声响过两声后接听电话,如果电话铃声响过三声后仍然无人接听,客户往往会认为这个公司客户服务人员的服务状态不佳。

（2）报出公司或部门名称。在电话接通后,应该先主动向对方问好,并立刻报出本公司或部门的名称及客户服务人员工号。例如:"您好,这里是××公司××号客户服务员为您服务……"如果拿起电话张口就问:"喂,找谁? 干嘛……"这是很不礼貌的。

（3）确定来电者身份姓氏。客户服务人员需要确定来电者的身份,如果没有问清楚来电者的身份,在遇到询问时就难以回答清楚,从而浪费了宝贵的工作时间。在确定来电者身份的过程中,尤其要注意给予对方亲切随和的问候,以免对方不耐烦。

（4）听清楚来电目的。了解清楚来电的目的,有利于对该电话采取合适的处理方式。客户服务人员应该积极承担责任,不要因为不是自己的电话就心不在焉。

（5）复诵来电要点。电话接听完毕前,不要忘记复诵一遍来电的要点,防止记录错误或者理解偏差而带来的误会,从而提高工作效率。例如,应该对上门服务的时间、地点、联系电话、区域号码等各方面的信息进行核查校对,尽可能地避免错误。

（6）最后道谢。最后的道谢也是基本的礼仪。来者是客,以客为尊,公司的成长和盈利的增加都与客户密切相关。因此,物流公司客户服务中心人员对客户应该心存感激,向他们道谢和祝福。

(7)让客户先收线。客户服务人员在打电话和接电话过程中都应该牢记让客户先收线。因为一旦先挂上电话,对方一定会听到"咔嗒"的声音,会让客户感到不舒服。因此,在电话即将结束时,应该礼貌地请客户先收线,这时整个通话才算圆满结束。

> 课堂体验:客服人员接听电话时边打电话边用手势与同事交流事情,可以吗? 为什么?
>
> _____
>
> _____
>
> _____

(三) 物流企业客户服务人员收发传真的礼仪

1. 传真

(1)电话传真。电话传真是指将需要传送的文件送入传真机,拨通对方的电话号码,听到对方的电话有传真信号,即按动传真按键,文件通过电话线传递给对方,而对方同步通过传真机接收文件的过程。

(2)网上传真。网上传真是指通过互联网计算机直接收发传真的过程。利用计算机收发传真就像收发 E-mail 一样简单。通过网上传真系统,用户可以使用 IE 浏览器直接发送传真,传真群发瞬间便可完成。每一个用户均有一个网上传真分机号码,其他用户可使用普通电话传真机向网上传真用户发传真。收到传真后,用户可以灵活地进行传真分发、转发工作。

2. 传真件格式

传真没有固定的格式,不同的公司风格也不同。在 Word 文档中也有模板可以借用。操作方法为:[文件]—新建文档—本机模板—信函传真—确定模板类型。

3. 电话传真收发操作

(1)发送文件前不通话,操作步骤如下:

① 检查传真机是否处于"准备好"(READY)状态。

② 放置好要发送的原稿。

③ 摘取话机手柄,拨对方号码,并注意听对方的传真应答信号(长鸣音)。

④ 按启动键(START),这时发送指示灯亮或液晶屏显示"TRANSMIT",表明机器开始发送文件。

⑤ 挂上话机,等待发送结束并收取对方记录报告。如果报告显示有差错,则应重发,直至对方正确接收为止。

(2)发送文件前需要通话,操作步骤如下:

① ② 步同(1) 中① ②。

③ 摘取话机手柄,拨通对方电话,并等待对方回答。

④ 双方进行通话。

⑤ 通话结束后,由收传真方先按启动键。

⑥ 当听到收传真方的应答信号时,发传真方按启动键,开始发送文件。

⑦ 挂上话机,等待发送结束,若发送出现差错,则应重发,直至收传真方正确接收为止。

4.传真接收方式

(1)自动接收。只有具有自动接收功能的传真机才能按此方式操作。过程如下:

① 电话振铃一次,机器自动启动,液晶屏显示"RECEIVE"接收状态或接收指示灯亮,表示接收开始。

② 接收结束时,机器自动输出传真副本,液晶屏显示"RECEIVE"消失或接收指示灯熄灭。

③ 机器自动回到"准备好"(READY)状态。

(2)人工接收。人工接收操作步骤如下:

① 使机器处于"准备好"(READY)状态。

② 当电话振铃后,拿起话机手柄与对方通话。

③ 通话结束后,按启动键。对方听到应答信号后,也按启动键。开始接收文件。

二、活动安排

(一) 活动内容

某物流公司客户服务部门要对员工进行考核,考核内容为企业电话服务礼貌用语,请根据下列情景,将不当用语改为礼貌用语,填写表3-1。

表 3-1　礼貌用语练习

情景	不当用语	礼貌用语
向人问好	喂!	
自报家门	我是美丽时光的	
问对方身份	你是谁?	
问别人姓名	你叫啥?	
问对方姓氏	你姓什么?	
要对方电话	你电话多少?	
要找某人	给我找一下×××	
问对方找谁	你找谁啊?	
问对方有什么事	你有什么事?	
请对方等待	你等着	
人不在	他不在	
请对方待会儿再打	你待会儿再打	
结束谈话	你说完了吗?	
做不到	那样可不行	
不会忘记	我忘不了的	
没听清楚	什么?再说一遍	

（二）活动要求

（1）通过任务,学会企业电话服务礼貌用语。
（2）通过任务,体验规范电话礼仪。

任务评价

见附录。

应用训练

（1）收集会议礼仪资料并进行加工。
（2）作出关于会议礼仪的PPT,并在班会活动中进行演示。

拓展提升

乘车礼仪

在接待工作中,接待人员往往需要为客户安排交通工具,并陪同上司、客户一同出外办事,乘车时要讲究一定的礼仪。

1. 细心照顾

为客户打开右侧后门,并以手挡住车门上框,同时提醒客户小心,等其坐好后再关门。抵达目的地后,接待人员应首先下车,下车后,绕过去为客户打开车门。并以手挡住车门上框,协助客户下车。

乘出租车时,接待人员应后上先下,拉开与关闭车门,并以手挡住车门上框,协助客户上下车。

2. 讲究座次

（1）小轿车。由专职司机驾驶时,以后排右侧为首位,左侧次之,中间座位再次之,最后是前排右侧。

（2）吉普车。吉普车以前排右侧为尊,后排右侧次之,后排左侧为末席。上车时,后排乘客先上,前排乘客后上。下车时前排乘客先下,后排乘客再下车。

（3）旅行车。旅行车以司机座后第一排即前排为尊。各排座位的尊卑,从右侧向左侧递减。

3. 女性上下车姿势

如果接待人员为女性,应注意上下车姿势。

（1）上车姿势。上车时仪态要优雅,姿势应该为"背入式",即将身体背向车厢入座,坐定后再将双脚同时缩进车内(如穿长裙,应在关上车门前将裙子弄好)。

（2）下车姿势。应将身体尽量移近车门,立定,然后将身体重心移至另一只脚,再将整个身体移离车外,最后踏出另一只脚(如穿短裙则应将两只脚同时踏出车外,再将身体移出,双脚不可一先一后)。

任务二　学会与客户沟通

李均和王武钢两位同学按学校安排到企业轮岗实训,被企业安排在客户服务岗位。在上岗前夕,他们俩虽然在学校综合实训中对接待礼仪、企业电话服务等进行了系统的训练,但感觉对如何与客户沟通以及在沟通过程中应注意的问题尚未完全掌握,有必要对与客户沟通方面的知识进行系统梳理,以更好地完成轮岗实训任务。带着问题,他们打开计算机在百度文库中搜索相关知识,并系统整理,为轮岗实训做准备。

任务目标

1. 能自然接近企业同事与客户,掌握常用的沟通技巧。
2. 会与客户沟通。
3. 养成倾听的习惯。

任务实施

一、知识准备

(一) 沟通

沟通是指人与人之间、人与群体之间思想与感情的传递和反馈的过程,以求思想达成一致,感情通畅。沟通中信息的传递如图 3-1 所示。

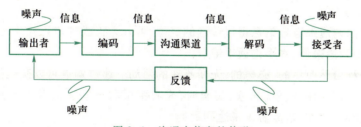

图 3-1　沟通中信息的传递

沟通过程中输出者、接受者、信息、沟通渠道是影响沟通效果的四个主要因素。

1. 输出者

信息的输出者就是信息的来源,作为客户服务人员必须充分了解接受者的情况,选择合适的沟通渠道以利于接受者的理解。要顺利地完成信息的输出,必须对编码和解码两个概念有一个基本的了解。

编码是指将想法、认识及感觉转化成信息(语言、文字)的过程。

解码是指信息的接受者将所听到、看到的信息转换为自己的想法或感觉的过程。

客户服务人员在与客户沟通的过程中（编码的过程中），应注意以下几个方面，以提高沟通效率。

（1）匹配性。信息必须与接受者的认知水平相匹配，如此才可能使信息为接受者所了解。所有信息必须以一种对接受者有意义或有价值的方式传送出去。

（2）简明性。尽量将信息转变为最简明的形式，因为越是简明的信息，越可能为接受者所了解。

（3）组织性。将信息组织成有条理的若干重点，可以方便接受者了解及避免接受者承担过多的负担。

（4）重复性。主要是在口头沟通中，重复强调重点有利于接受者的了解和记忆。

（5）集中性。将焦点集中在信息的几个重要层次上，以避免接受者迷失在一堆杂乱无章的信息之中。在口头沟通中，可凭借特别的语调、举止、手势或面部表情来表达这些重点。若以文字沟通，则可采用画线或强调符号突出内容的重要性。

2. 接受者

接受者是指获得信息的人。相对于输出者，在沟通中接受者必然从事信息解码的工作，即将信息转化为自身所能了解的想法和感受。而这一过程要受到接受者的经验、知识、才能、个人素质以及对信息输出者的期望等因素的影响。

> ⚠ **小贴士**：客户服务人员永远不要怪客户没有听懂你讲话的意思，而要时时检讨自己所讲的话或发出的文字信息是否已清楚表达了自己的想法。

3. 信息

信息是指在沟通过程中传给接受者（包括口语和文字）的消息，同样的信息，输出者和接受者可能有着不同的理解，这可能是输出者和接受者的差异造成的，也可能是由于输出者传送了过多的不必要信息。

4. 沟通渠道

企业组织的沟通渠道是信息得以传送的载体，可分为正式或非正式的沟通渠道、向下沟通渠道、向上沟通渠道、水平沟通渠道。

沟通是一种自然而然的、必需的、无所不在的活动。通过沟通可以交流信息和获得感情与思想。在人们工作、娱乐、居家、买卖时，或者希望和一些人的关系更加稳固和持久时，都要通过交流、合作、达成协议来达到目的。

在沟通过程中，人们分享、披露、接收信息，沟通信息的内容可分为事实、情感、价值取向、意见观点。沟通的目的可以分为交流、劝说、教授、谈判、命令等。

有效的沟通能高效率地把一件事情办好，让人们享受更美好的生活。善于沟通的人懂得如何维持和改善相互关系，更好地展示自我需要，发现他人需要，最终建立更好的人际关系，获得事业的成功。

5. 沟通的基本模式

（1）语言沟通。语言是人类特有的一种非常好的、有效的沟通方式。语言的沟通包括口头语言、书面语言、图片或者图形。口头语言包括面对面的谈话、开会、电话等；书面语言包括信函、广告、传真、E-mail等;图片包括幻灯片等。这些都属于语言的沟通。

在信息的传递、思想的传递和情感的传递中,语言沟通更擅长传递的是信息。

(2)非语言沟通。非语言沟通方式非常丰富,包括人们的动作、表情、眼神等。实际上,人们的声音里也包含着非常丰富的非语言信息。人们在说每一句话的时候,用什么样的音色去说,用什么样的语气、语调去说等,都是非语言信息的一部分。

沟通的模式有语言和非语言两种,语言更擅长沟通的是信息,而非语言更擅长沟通的是思想和情感。

几种常见沟通方式的比较见表3-2。

表3-2　几种常见沟通方式的比较

沟通方式	举例	优点	缺点
口头	交谈、讲座、讨论会、电话	快速传递、快速反馈、信息量很大	传递中经过层次越多,信息失真越严重,核实越困难
书面	报告、备忘录、信件、内部期刊、布告	持久、有形、可以核实	效率低、缺乏反馈
非语言	声、光信号,体态、语调	信息意义十分明确,内涵丰富,含义隐含灵活	传递距离有限,界限模糊,只能意会,不能言传

课堂体验:在与客户沟通过程中,客户对客户服务人员所给出的信息理解有歧义,责任在谁?

_____

_____

(二) 沟通技巧

1. 倾听

倾听是指充分给客户以阐述自己的意见和想法的机会,并设身处地地依照客户表达的思路来思考,找出对方说话的合理性,以充分了解沟通对象,收集自己所不知道的信息,并把客户引导到所要沟通讨论的议题上来,使沟通对象感到自身的价值和所受到的尊重过程。大多数人都有一种表达欲望,希望有机会阐述自己的意见、观点和情感。所以,如果你认真倾听,让他尽情地说出自己想说的话,他们会立即觉得你和蔼可亲、值得信赖。很多人在交往中不能给人留下一个良好的印象,不是因为口才不好,表达能力不够,而是由于不会倾听,没有耐心地听别人讲话。别人讲话的时候,他们四处环顾、心不在焉,或者强行插话,打断对方的讲话,让对方感到忍无可忍。

倾听是和谐沟通的基础,学会倾听才能探知客户的心理活动,发现其兴趣所在,从而确认客户的真正需要,并据此不断调整企业的物流服务计划。优秀的企业客户服务人员都非常善于倾听客户的意见。IBM的早期发明,包括第一台计算机,都是该公司与它的客户共同研制产生的;明尼苏达采矿制造公司生产的透明胶也并不是其技术人员发明的,而是其推销员在倾听了客户的意见后创新而来的。由此可见倾听的重大意义。要想通过倾听获得更多的信息,除了广开渠道外,掌握倾听的技巧也很重要。

(1)倾听技巧由四个个体技巧组成,分别是鼓励、询问、反应与复述。

① 鼓励:提升对方表达的意愿。

② 询问:以探索方式获得更多对方的信息资料。

③ 反应:告诉对方你在听,同时确定完全了解对方的意思。

④ 复述:用于讨论结束时,确定没有误解对方的意思。

(2)用心倾听的基本要求如下:在与客户沟通时,既要认真听取客户意见,同时在倾听过程中要不断向沟通对象传递接纳、信任与尊重信号,或者偶尔复述沟通对象讲的话,或者用鼓励、请求的语言激发对方。例如,"您的话非常有价值。""很好!""请接着讲。""您能讲得详细一些吗?""假如没有这个前提,结果会是什么情况?""您说的……很有意思。"一方面使沟通对象感觉受到重视,另一方面又让对方把话说透彻。

2. 气氛控制

沟通过程中安全而和谐的气氛,能使对方更愿意沟通,如果沟通双方彼此猜忌、批评或恶意中伤,将使气氛紧张、冲突,彼此心理设防,使沟通中断或无效。

气氛控制技巧由四个个体技巧组成,分别是联合、参与、依赖与觉察。

(1)联合:以兴趣、价值、需求和目标等强调双方所共有的事物,营造和谐的气氛而达到沟通的效果。

(2)参与:以热忱的态度激发对方积极地投入,使目标更快完成。

(3)依赖:接纳对方的感受、态度与价值观等,创造安全的情境,提升对方的安全感。

(4)觉察:将潜在"爆炸性"或高度冲突状况予以化解,避免讨论产生负面或破坏性的影响。

3. 推动技巧

推动技巧是指运用技巧影响他人的行为,使其逐渐符合双方的议题。有效运用推动技巧的关键,在于以明白具体的积极态度,让对方在毫无怀疑的情况下接受你的意见,并感到受到激励,想完成工作。推动技巧由四个个体技巧组成,分别是回馈、提议、推论与增强。

(1)回馈:让对方了解你对其行为的感受,这些回馈对人们改变行为或维持适当行为是相当重要的,尤其是提供回馈时,要以清晰具体而非侵犯的态度提出。

(2)提议:将自己的意见具体明确地表达出来,让对方能了解自己的行动方向与目的。

(3)推论:使讨论具有进展性,整理谈话内容,并以它为基础,为讨论目的的延伸而锁定目标。

(4)增强:利用增强对方出现的正向行为(符合沟通意图的行为)来影响他人,也就是利用增强来激励他人做你想要他们做的事。

(三) 与企业内部客户沟通

企业员工要想出色地完成工作,必须重视与企业相关部门人员的沟通,如果没有充分

情绪影响与
客户交流 1

情绪影响与
客户交流 2

情绪影响与
客户交流 3

情绪影响与
客户交流 4

有效的沟通，作为员工，就不知道做事的意义，也不明白做事的价值，因而做事会缺乏积极性，创造性也就无法发挥出来。

与企业内部客户沟通前要做好充分准备，认真准备沟通表达内容，尽可能做到条理清楚、简明扼要、通俗易懂。在头脑中想好沟通表达提纲后，再根据沟通对象选择恰当的沟通方法，是直接告知还是婉言暗示，是正面陈述还是比喻说明，都要事先进行选择和设计，最好在沟通前与沟通对象就沟通的主题内容、时间及地点进行确认，这样往往能收到意想不到的效果。

（四）与企业外部客户沟通

与企业内部客户（同事）沟通很重要，但因为同在一个企业共事，如果沟通得不顺畅，还能通过外力的干预来调和矛盾，有效降低沟通不畅所带来的困难。但如果与外部客户沟通中出现了问题，则会丢掉生意，失去客户，给企业带来直接影响。

三种沟通
模式 1

因此，与外部客户沟通前要做好充分准备。因为，沟通本身就是与客户进行深层交往，并且具有明确的目的，即要通过沟通解决特定的问题。而任何一个客户都是有自己独立的利益和意志的人，有时候投入精力，慎重地实施沟通，还不一定能够达到理解和认同的目的。所以，首先要有积极而慎重的态度，并在此基础上，进行认真准备、严肃实施、艺术表达、用心倾听和积极反馈。

三种沟通
模式 2

1. 与客户沟通前的准备

充分的准备是沟通成功的前提。与客户沟通前，要尽可能收集客户的相关信息，分析客户的个人特征，包括利益特征、性格特征、价值特征、人际关系特征等，并把握其可能的态度。

2. 沟通八忌

沟通前准备工作做得充分，能为有效的沟通奠定基础。但想要确保沟通的效果，在与客户具体沟通的过程中仍须认真对待，尤其是要注意避免以下八忌：

（1）忌用不平等的心态对待客户。

（2）忌对客户不尊重、不礼貌。

（3）忌以冷嘲热讽的语气与客户讲话。

（4）忌正面反驳客户。

（5）忌随意打断客户的讲话。

（6）忌心不在焉地听客户讲话。

（7）忌过于夸张的手势。

（8）忌否定客户价值的言语。

3. 艺术表达

艺术表达是指与客户沟通时向客户以艺术的方式阐述思想、主张、要求、建议，意在推销观念，发表见解，提出要求。沟通不是简单地用逻辑分析来说服对方，而是要用客户自己所提供的事实，以及对方不能否认的事实，与对方个人的利益建立起直接的联系，以诱导对方。在这里尊重客户是最重要的，要避免将观点以雄辩的方式强加给对方，让对方感到自己不明智或者理亏。

因而，表达方式的选择就显得极为重要。没有艺术的表达方式，要达到良好有效的沟通结果也是不可能的。艺术表达可从如下 11 个方面入手：

（1）从对方感兴趣的话题入手。

（2）用对方认同的话题开场。

（3）紧紧围绕对方的利益来展开话题。

（4）多提问，引导对方说出自己的想法。

（5）以商讨的口吻向对方传达自己的主张和意见。

（6）以求教、征求对方意见的方式来提出自己的建议。

（7）注意力高度集中，尽可能多地与对方进行目光交流。

（8）运用动作适中的身体语言辅助传达信息。

（9）借助有情节的表达，如讲故事，来阐述自己的观点。

（10）避免过多地使用专业术语。

（11）适当地重复以强调沟通要点。

课堂体验：谈谈你生活中失败的沟通经历及改进方案。

_____

_____

二、活动安排

（一）活动内容

活动情境：某仓储物流公司客服代表接到货主电话，称本周一下午 5 时收到的 120 件配送货物中，串了两箱货，另有三箱中少了商品，该公司物流经理李丰将于周五 10 时来公司询问原因，并商讨赔偿事宜。客户服务主管王军及仓储部主管刘铭在查清问题原因后，周五与李经理就问题产生原因及处理方式进行了充分的沟通。

活动内容为模拟双方沟通场景。要求分组按照任务一与任务二所学的知识撰写沟通课堂情景剧剧本，并表演。小组长填写小组活动控制表（见表 3-3）。

表 3-3　小组活动控制表

活动步骤与内容安排	时间	负责人	注意事项	记录

（二）活动要求

（1）通过任务，巩固接待礼仪知识，体验沟通的重要性。

（2）通过任务，体验沟通过程中语言表达方式及肢体语言对结果的影响。

（三）活动步骤

1. 课前准备

利用网络查找商务会谈的礼仪要求和客户沟通案例，编写客户投诉与处理课堂情景剧剧本。

2. 分组模拟并表演课堂情景剧

每组选一人扮演客户李经理，两人扮演仓储物流公司仓储部主管、客户服务主管，各组按顺序编写公司大门欢迎、引导乘电梯、进会议室、双方沟通场景对话剧本，并表演。

3. 相互评价

全体同学进行相互评价。

［说明］

本活动约需 90 分钟，活动地点为理实一体化教室。

任务评价

见附录。

应用训练

（1）写一篇成长过程中师生沟通的随笔。

（2）班会活动中，与同学分享自己在成长过程中与家长、老师、同学沟通中最开心及最不开心的一次经历。

拓展提升

不会沟通，从同事到冤家

［背景］

小贾是某运输公司业务部一名员工，为人比较随和，不喜争执，和同事的关系处得比较好。但是，前一段时间，不知道为什么，同一部门的小李老是和他过不去，有时候还故意在别人面前指桑骂槐，甚至还抢了小贾的好几个老客户。

起初，小贾觉得都是同事，没什么大不了的，忍一忍就算了。但是，看到小李越来越嚣张，小贾一赌气，告到了经理那儿。经理把小李批评了一通，从此，小贾和小李成了冤家。

［评析］

案例中小贾所遇到的事情，在现实生活中也经常出现。在一段时间里，同事小李对他的态度大有改变，这本应该让小贾有所警觉，留心是不是哪里出了问题。但是，小贾只是一味地忍让。忍让不是一个好办法，正确的做法应该是多沟通。

小贾应该考虑小李对自己是不是有什么误会，才让他对自己的态度变得这么恶劣，他应该主动、及时和小李进行一次真诚的沟通，如问问小李是不是自己什么地方做得不对，让他难堪了。任何人都不喜欢与人结怨,可能他们之间的误会和矛盾在比较浅的时候通过及时的沟通就会消除。

结果是,小贾到了忍不下去的时候,选择了告状。其实,找经理汇报一些事情,不能说不对,关键是怎么处理。在这里,小贾、经理、小李三人犯了一个共同的错误,那就是没有坚持"对事不对人",经理做事也过于草率,没有起到应有的调节作用,他的一番批评反而加剧了小李、小贾二人之间的矛盾。正确的做法是通过加强员工间的沟通把双方产生误会、矛盾的疙瘩解开,结果肯定会好得多。

巩 固 提 高

一、单项选择题

1. ( )是指人与人之间,人与群体之间思想与感情的传递和反馈的过程,以求思想达成一致和感情的通畅。

A. 沟通　　　　　　　　　　　　B. 礼仪

C. 传递　　　　　　　　　　　　D. 倾听

2. 沟通过程中输出者、接受者、( )、沟通渠道是影响沟通效果的四个主要因素。

A. 媒体　　　　　　　　　　　　B. 电话

C. 信息　　　　　　　　　　　　D. 广播

3. 信息的( )就是信息的来源,作为客户服务人员必须充分了解接受者的情况,选择合适的沟通渠道以利于接受者的理解。

A. 输出者　　　　　　　　　　　B. 接受者

C. 信息　　　　　　　　　　　　D. 渠道

4. 倾听技巧由鼓励、询问、反应与( )四个个体技巧所组成。

A. 交流　　　　　　　　　　　　B. 劝说

C. 复述　　　　　　　　　　　　D. 谈判

5. 气氛控制技巧由联合、( )、依赖与觉察组成。

A. 交流　　　　　　　　　　　　B. 参与

C. 反应　　　　　　　　　　　　D. 复述

二、多项选择题

1. 礼仪原则包括( )。

A. 敬人的原则　　　　　　　　　B. 自律的原则

C. 适度的原则　　　　　　　　　D. 真诚的原则

2. 客户服务人员的声音要求包括( )。

A. 声音必须清晰　　　　　　　　B. 音量比正常说话略高

C. 流畅　　　　　　　　　　　　D. 掌握好发音

3. 会客室的准备工作有( )。

A. 室内是否通风　　　　　　　　B. 地上是否有烟灰、纸屑

C. 会客桌是否已抹干净　　　　　D. 沙发是否整齐清洁

E. 墙上挂钟的时间是否正确

4. 企业的礼仪从内容上看有(　　　　　　)待人接物等个人礼仪。

A. 仪容　　　　　　　　　　　　B. 举止

C. 表情　　　　　　　　　　　　D. 服饰

E. 谈吐

5. 推动技巧包括(　　　　　　)技巧。

A. 回馈　　　　　　　　　　　　B. 提议

C. 推论　　　　　　　　　　　　D. 增强

E. 参与

三、判断题

(　　　)1. 接打电话是物流企业员工客户服务的特别服务技能。

(　　　)2. 心理学家指出,在电话交谈中,声音质量在第一印象中的影响力占30%,而话语占70%。

(　　　)3. 正确使用语言可以使沟通得到进一步的延续,给客户一种良好的感觉,并树立一种良好的形象。

(　　　)4. 企业的礼仪教育从对象上看有个人礼仪、公共场所礼仪、接待礼仪、餐桌礼仪、馈赠礼仪、文明交往礼仪等。

(　　　)5. 礼节礼仪是在言语动作上的表现。

四、简答题

1. 良好的接待礼仪对物流企业有哪些好处?

2. 物流企业客户服务部接待工作有哪些要点?

3. 接听电话的基本礼仪有哪些?

参考答案

项目四　收集物流客户信息和管理档案

项目目标

1. 知道如何寻找物流客户。
2. 会建立物流客户数据库。
3. 能描述建立物流客户档案体系的流程，会建立物流客户档案。
4. 能概述物流客户档案管理方法。
5. 熟悉物流客户数据统计报表的分类管理。
6. 树立严谨、认真的工作作风。

任务一　建立物流客户数据库

任务描述

李均同学毕业后，进入速达物流与配送有限责任公司客服部门实习。因公司业务发展的需要，该公司客服部门正在整理客户数据，建立新的客户数据库系统。一天，客服部门经理告诉李均，公司将建立新的客户数据库，分配给李均的工作任务是：首先收集和整理好客户信息资料，然后录入到新的客户数据库系统中。

李均接到工作任务后，应该从哪里入手？需要做好哪些准备？怎样展开工作呢？

任务目标

1. 知道如何寻找物流客户。
2. 会建立物流客户数据库。

任务实施

一、知识准备

（一）寻找物流客户

1. 认识物流客户的类型

物流客户就是物流企业的服务对象。物流企业为了以有限的资源满足客户需要，实现物流客户整体价值最大化,更好地满足客户的个性化需求,对客户进行分类管理成为客户服务部门的重要工作之一。

物流客户根据分类标准不同,有不同的分类方式。常见的物流客户分类见表 4-1。

客户分类理论用于选址 1

表 4-1 常见的物流客户分类

分类标准	类型
按物流企业与客户的关系分	非客户、潜在客户、目标客户、现实客户、流失客户
按客户重要程度不同分	A 类客户、B 类客户、C 类客户
按服务对象的性质不同分	个体型客户、组织型客户
按时间分	过去型客户、现在型客户、未来型客户

客户分类理论用于选址 2

 小贴士:客户 ABC 分类

一般常把核心客户、大客户划为 A 类,他们的数量不超过客户总数量的 20%,贡献的营业收入占总营业收入的 70%~80%。占营业收入 10%~20% 的划为 B 类客户。占营业收入 5% 以下的划为 C 类。B、C 类客户约占到客户总数量的 80%。客户分类后,可对 A 类、B 类、C 类客户进行有针对性的管理。资源、时间等向 A 类客户倾斜,进行重点维护;对 B 类客户进行次要维护;对 C 类客户进行简单维护。

按照物流企业与客户的关系,可将物流客户分为以下五类:

(1)非客户。非客户是指与物流企业的服务产品无关或不可能购买企业产品或服务的个人或者组织。

(2)潜在客户。潜在客户是指对物流企业的服务产品有需求和欲望,并有购买动机和购买能力,但还没有产生购买行为的个人或者组织。

(3)目标客户。目标客户是指物流企业经过市场细分后,选择的力图开发为现实客户的个人或者组织。

(4)现实客户。现实客户是指物流企业服务产品的现实购买者,具体又可以分为初次购买客户(新客户)、重复购买客户(老客户)和忠实客户三种类型。

(5)流失客户。流失客户是指曾经是物流企业客户,由于种种原因,现在不再购买物流企业服务产品的个人或组织。

课堂体验:以上五种类型的客户可以相互转化吗?请尝试描述他们之间的关系。

_____

_____

_____

2. 寻找物流客户的渠道

作为一名物流客服人员,除了明确自己的目标客户之外,更重要的是找到潜在物流客户。在寻找潜在物流客户时,不能盲目地大海捞针,必须掌握寻找物流客户的基本途径和方法。常见的寻找客户的方法见表4-2。

表4-2 常见的寻找客户的方法

方法	内涵	优点	缺点
逐户访问法	又称"地毯式寻找法",是指物流客服人员在特定的区域内,挨门挨户地进行访问,以挖掘潜在客户,寻找客户线索的方法	范围广、涉及客户多,可借机进行市场调查,能够积累经验	盲目性强,需耗费大量的人力和时间,成本高
介绍寻找法	是指通过他人(如老客户、合作伙伴等)的介绍来寻找客户的方法	信息准确可靠,能够增强说服力	事先难以制订完整的计划;客服人员处于被动地位
资料查询法	是指通过查询各种有关的情报资料(如电话号码簿、企业年鉴等)来寻找客户的方法	能较快了解市场需求和客户情况,成本低	时效性较差
产品展示法	是指客服人员利用服务产品的各种展示机会(如各种展览会等)来获取需求信息和寻找客户的方法	较短时间内树立在行业内的影响力,能收集大量潜在客户资料	要进行周密的策划;成本较高
信函寻找法	是指以邮寄信函的方式来寻找客户的方法	覆盖范围广,涉及客户多,成本较低	时间周期较长,回复率不高
电话寻找法	是指利用电话的方式进行地毯式访问,以寻找客户的方法	覆盖范围广,效率较高,成本较低	很容易遭到拒绝
网络寻找法	是指借助互联网宣传、介绍自己的服务产品,运用网络工具来寻找客户的方法	方便、快捷,范围广,信息量大,成本低	受到网络诚信的影响
俱乐部寻找法	是指客服人员通过参与一些由公司牵头发起的行业组织,并充分利用这个庞大的客户资源,从而寻找客户的方法	能获取客户第一手资料,容易获得大客户资源	时间周期较长

3. 收集客户信息

物流客服人员根据寻找潜在客户的过程中收集到的客户信息,建立并登记物流客户资料卡。物流客户资料卡一般包括个体型物流客户资料卡和组织型物流客户资料卡两类,见表4-3、表4-4。

表4-3 个体型物流客户资料卡

编号：

姓名		性别		年龄	
住址		邮编		电话	
工作单位		职务		E-mail	
家属	姓名		关系	年龄	职业	备注
特长爱好			性格特征		
年收入水平			访问记录		
备注			建卡日期		

表4-4 组织型物流客户资料卡

编号：

单位名称			建卡日期		注册时间	
法人代表			注册资金		电话	
地址			邮编		传真	
行业类别	（制造商/贸易商/零售商）		业务方向	（内销/外销/内外销）	覆盖区域	（全球/全国/区域）
年物流总费用			经营规模		市场定位	
开户银行			信用等级		付款方式	
负责人	姓名		性别		住址	
	年龄		职务		电话	
	民族		性格		E-mail	
业务员	姓名		性别		住址	
	年龄		电话		E-mail	
联系人	姓名		性别		住址	
	年龄		电话		E-mail	

（二）建立物流客户数据库

1. 认识物流客户数据库

物流客户数据库是指物流企业收集的有助于销售产品或服务、维护客户关系的资料，是一个有组织地收集的关于物流客户的综合性信息的集合。

物流客户数据库能够全面收集、追踪和掌握物流客户的基本情况、产品或服务需求和个人偏好，并且还能够深入统计和分析，从而使物流企业的营销工作更有针对性。

在信息化办公日益普及的今天，建立电子客户数据库，能大大提高客服工作的效率。

电子客户数据库与传统方式建立的客户档案相比,具有以下优势:

(1)可以容纳庞大的客户信息档案,且便于储存、复制和携带。

(2)可以迅速对已有的客户信息进行查找。

(3)可以通过网络化平台,与客户进行互动,完善个性化服务。

课堂体验:客户数据库在客户关系管理中有哪些作用?

2. 客户数据库的内容

客户数据库的内容一般包括潜在客户、现实客户和流失客户三种类型客户数据,如图4-1所示。

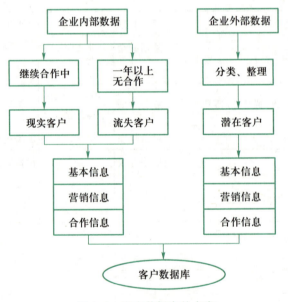

图 4-1 客户数据库的内容

(1)现实客户。这类客户的识别主要通过最近合作情况、合作频次、每笔订单金额等指标。

(2)潜在客户。这类客户的识别主要依靠与现实客户的相似性分析或订单特征。这类客户往往购买了竞争对手的物流服务,这类数据的收集和整理,将为企业进行 SWOT 分析和制订竞争策略提供宝贵的资料。

(3)流失客户。这类客户不一定是不满意企业服务的客户,有时候不再合作只是因为他们的需求发生了变化。应保留这类客户的数据,以便在适当的时机采取相应措施挽回这些客户。

3. 建立客户数据库

建立客户数据库,对于大多数客户服务人员来说,选用已有的数据库软件即可,如

MS Access、My SQL、SQL Server 等软件。对于使用客户关系管理系统的物流企业来说,可以直接使用客户关系管理系统中的数据管理模块。

建立客户数据库主要包括以下内容:

（1）完成数据库系统的安装和调试。

（2）根据工作需要,设定数据库的整体结构和每一张表的索引。

（3）建立相关数据表之间的联系,以便于数据报表统计和分析。

（4）根据收集、整理的客户信息资料,录入数据。在数据库建立初期,资料录入是一项繁重的工作,需要客户服务人员仔细认真地工作,保证数据资料的正确性。

客户管理
案例背景

（5）做好数据库的管理和维护工作。做好日常的数据导入导出、创立索引、数据备份、存储容量调整和数据库稳定性检测等工作,尽可能地完成客户信息资料的及时更新,将新的数据录入数据库。

客户管理
案例评析

（6）制订好安全防范措施,如信息加密、专人管理制度等。

建立好客户数据库之后,要重点做好维护工作,保证客户数据库的正确性、完整性、及时性和安全性。

二、活动安排

（一）活动内容

寻找物流客户,收集、整理客户信息。

（二）活动要求

通过完成任务,知道如何寻找物流客户,收集客户信息资料。

（三）活动步骤

（1）以小组为单位,分工合作,模拟李均的角色,通过互联网收集学校所在城市任意10 家企业的基本信息(如单位名称、地址、法人代表、业务联系人、联系电话等)。

（2）通过访问 10 家企业的网站,收集企业客户相关信息。

（3）教师告诉学生在录入过程中应仔细认真,保证客户资料的准确性。

（4）给每小组 3~5 分钟成果展示时间,由小组长汇报本小组收集企业的相关信息资料。

（5）各组派代表交叉对其他组收集的客户信息资料进行评价。

（6）由教师做总结发言,强调寻找客户的渠道有很多,本活动主要采用的是网络寻找法。

［说明］

本活动约需 40 分钟。

［注意］

通过本次活动,体验客户信息资料的收集和整理工作,如果你是李均,面对"任务描述"中的工作任务,应该怎样收集和整理物流企业客户资料? 物流企业客户与其他企业客户有共同之处,但也有独特的地方。我们在今后的实际工作中要注意物流企业客户的特点,有针对性地收集和整理客户相关信息。

任务评价

见附录。

应用训练

(1) 搜集某物流公司收集客户资料信息的案例,观察这些资料的内容,加深对收集客户信息资料内容的认识。

(2) 网上查找部分知名物流企业的数据库建设案例,体验、熟悉客户数据库建设工作过程和数据库内容,加深对客户数据库建设的整体认识。

拓展提升

数据库营销助邮政速递业务快速发展

许多公司的成功经验告诉我们,要想为企业创造财富,必须做到:建立客户数据库,培育客户对企业的信任,通过促销企业的商品或服务盈利。客户数据库是邮政速递企业赖以生存的黄金宝库,客户对邮政速递的信赖,就是邮政速递企业永续发展的不竭动力。

一、建立邮政速递企业的客户数据库

1. 利用邮政企业自身能力建立客户数据库

通过邮政速递的进、出口邮件详情单和邮政综合网信息平台收集客户资料(包括邮政报刊发行业务客户资料、邮政汇兑业务客户资料、邮政函件名址数据库资料等),这些资料具有很高的价值,不仅真实性强,而且这些客户都是邮政企业产品的直接消费者,对邮政公司经营的产品已经产生了理性认识。

2. 借力其他渠道建立企业自己的客户数据库

邮政速递借助其他企业促销策略,建立自己的客户数据库。例如,中秋"思乡月"借助中国移动(或中国电信)等知名平台,预存一定数额话费或数据费,即免费寄送邮政"思乡月"月饼。一方面,通过免费送月饼培养了移动公司与客户之间的感情,帮助移动公司提高了业绩;另一方面,邮政速递企业借助中国移动这一平台销售、邮寄了"思乡月"月饼,宣传了邮政速递的"思乡月"、次日递等业务。更重要的是,邮政速递企业可以从邮寄的月饼详情单中得到移动公司的客户数据资料,进而整理进入邮政速递企业的客户数据库。

二、培育客户对邮政速递企业的信赖感

邮政速递企业的主要利润掌握在一部分消费者手中,牢牢抓住这部分消费者,对于企业的利润增长和营销战略具有非常重要的意义。因此,邮政速递企业要培养客户对自身的信赖感,实施忠诚度培育计划。

(1) 实施有形的、延续性的促销营销战略。

(2) 保持客户对邮政速递企业的持久记忆,维系良好的客户关系。

(3) 实施客户奖励计划,提高客户的忠诚度及其变更成本。

三、利用客户数据库快速提升效益,针对不同客户设计不同的促销策略

对流失的客户,采用"赠品激励""免费试寄"等促销方式把客户吸引回来。对普通客户,采用"定期提示"促销法,增强吸引力。对潜在客户,采用"价格杠杆"使促销政策更具吸引力。

任务二　管理物流客户档案

任务描述

随着工作的开展,速达物流与配送有限责任公司客服部门实习生李均,收集和整理了客户信息资料,录入和完善了数据库系统的客户数据。客服部门主管告诉李均,公司让他负责这些物流客户档案的日常维护和管理。

李均接到工作任务后,应该怎样开展客户档案的管理工作? 客户档案体系包括哪些内容呢?

任务目标

1. 掌握建立物流客户档案体系的流程,会建立物流客户档案。
2. 掌握物流客户档案管理方法。

任务实施

一、知识准备

(一) 认识物流客户档案体系

1. 物流客户档案

物流客户档案是物流企业在与客户交往过程中所形成的客户基本资料、服务过程信息和统计报表及分析等资料,全面反映客户本身及与客户有关的商业流程的所有信息的总和。

客户档案在物流企业中地位日渐重要。由于现代企业经营思路的转变,物流企业开始关注客户服务过程记录及分析,从而挖掘客户潜在需求,引导客户的消费需求,使自己拥有更广阔的市场和更高的客户忠诚度。

> 课堂体验:请描述物流客户档案管理在客户服务管理中的重要性。
>
> _____
>
> _____
>
> _____

2. 物流客户档案体系内容

物流客户档案根据客服岗位或部门的不同定义,涉及的内容差别很大,但一般来说,

物流客户档案内容见表4-5。

表4-5　物流客户档案内容

客户档案内容	具体内容	说明
客户信息及服务档案	客户基本资料信息	包括客户自身的基本资料信息和与企业业务合作的基本信息等
	客户接受服务过程信息	包括企业为客户提供的每一笔服务记录和对客户服务中的异常或争议处理等
	客户的意见和建议等反馈信息	主要包括企业与客户合作过程中,客户对企业服务的评价或意见建议等
	企业对客户的评价信息	包括企业对客户的一个相对主观的总结或评价
统计报表及分析档案	统计数据	即日常经营数据的定向采集和汇总
	统计报表	即定期的格式化数据统计分析
	分析档案	即客服岗位根据一定的标准对所采集数据和统计报表的初步分析
其他管理档案	如内务管理档案	一般根据企业对客服岗位职能设定的差异化而有所不同,部分档案通常遵循一般行政档案的管理方式

（二）建立物流客户档案

1. 建立物流客户档案的流程

（1）收集客户档案资料。建立客户档案就要专门收集客户与公司联系的所有信息资料,以及客户本身的内外部环境信息资料。通过客户服务人员或业务人员主要收集以下几个方面内容:

① 客户最基本的原始资料,包括客户的名称、地址、经济类型、注册资金、业务范围、规模、电话等,这些资料是客户管理的起点和基础,需要通过客户服务人员对客户的访问来收集、整理、归档形成。

② 客户相关人员(如负责人、联系人及其他对项目有影响的人)的资料,包括姓名、性别、联系方式、生日、住址、社会关系、简历、家人情况、个人性格、兴趣、爱好、学历、年龄、能力、经历背景等。

③ 双方合作情况的资料,主要包括客户的物流业务活动现状、存在的问题、异议或争议的处理情况、意见和建议、未来的发展潜力、上一年度物流费用、财务状况、信用状况等。

④ 客户周边竞争对手的资料,就某一客户而言,要准确到每一笔"订单",收集竞争对手的相关情况,如市场占有份额、涉及的物流业务类型等;对竞争者要有各方面的比较分析,如实力评价、优劣势分析、对公司的威胁等。

（2）客户档案的分类整理。根据物流企业客户类型和客户营销运作程序,可以把客户档案资料进行分类、编号定位并活页装卷。

在客户档案分类整理过程中,要注意的问题有:

① 档案信息必须全面详细。客户档案所反映的客户信息,是对该客户确定一对一的具体营销策略的重要依据。

② 档案内容必须真实。这就要求业务人员的调查工作必须深入实际。

（3）客户档案的存档。按物流企业客户档案管理制度，填制完整的目录，并编号，以备查询和资料定位；客户档案每年分年度清理，按类装订成固定卷宗，由专人保管。

（4）客户档案的完善和更新。客户信息是不断变化的，客户档案资料就会不断地补充、增加，所以客户档案的管理具有连续性。根据每月统计各业务部项目情况，及时完善和更新客户档案资料。

> 课堂体验：想一想，在建立物流客户档案管理过程中要注意哪些问题？
> _____
> _____
> _____

2. 建立物流客户档案的具体做法

客户自身具有复杂多样性，因此，客户档案管理的内容也是复杂的。一般而言，一个综合性的物流企业，应根据客服部门工作流程，做好物流客户档案的建立和登记工作。

（1）通过客服人员收集的客户信息资料，登记客户信息档案卡，见表4-6。

表 4-6　客户信息档案卡

客户档案编号		客户编号		档案分类	
项目名称				备注	
公司联系信息					
公司名称			地址		
联系人 1	姓名		手机号码		
	职务		传真号码		
	固定电话		E-mail		
联系人 2	姓名		手机号码		
	职务		传真号码		
	固定电话		E-mail		
客户概况					
客户基本情况及合作业务概况					
客户年物流总费用		上年度公司营业额		占份额比例	
开始合作时间		合同起止时间		备注	
客户等级		回款周期	天	合作潜力	
双方合作情况					
主要运输线路信息：					

续表

运作单位	上年度营业额	起点—终点	线路年营业额	车型	外协与自营比例

主要仓储合作信息:

运作单位	上年度营业额	仓库面积	仓库类型	外租或自有	备注

其他合作业务类型信息:

以往合同执行过程中需引起注意的问题	

竞争状况及业务机会

竞争对手情况:

竞争对手名称	所占份额	业务类型	业务范围	实力评价	对公司的威胁

业务机会:

业务类型	业务范围	预计增加营业额	业务简单描述
其他情况补充说明			
填表人		填表日期	

（2）在合作过程中,做好提供每笔订单服务的运作情况记录,如客户资料管理台账,见表 4-7。

表 4-7　客户资料管理台账

编号	客户名称	合同营业额	合同起止日期	业务类型	归档日期

（3）对完成的每笔订单或阶段性工作,应及时记录并进行客户回访和调查,获得客户的建议和评价等,建立相关客户服务档案,客户回访调查表见表4-8。

表4-8 客户回访调查表

客户名称			地址		
客户编号			满意度		
电话		传真/QQ		E-mail	
回访人员		回访方式		回访时间	

客户情况简介:

_____

服务质量(服务态度,项目配合及实施情况,优势/弱势)

_____

回访内容记录:

_____

客户服务要求:

_____

客户的建议及意见:

_____

客户签名:

（4）为了反映物流企业的经营情况和管理的需要,客服部门要对经营数据进行有效的监控、分析,及时地预警,并为企业进行下一行市场决策、服务(产品)设计的深度分析提供统计性数据和初步分析,建立统计报表及分析档案。具体内容在本项目"任务三"中详细介绍。

（三）物流客户档案管理方法

客户档案管理是物流企业营销管理的重要内容,客户档案可以用于物流企业市场决策的查询和分析。建立完善的客户档案管理系统和规程,在提高营销效率、扩大市场占有率、与客户建立长期稳定的业务关系和保护宝贵的客户资源等方面,具有重要意义。

1. 专人管理

客户信息档案只能供企业内部使用,不宜流出企业,所以客户档案管理应确定具体的规定和办法,由专人负责管理,严格客户档案资料的使用和借阅制度。借阅人员应填写客户档案借阅表,见表4-9,并定期归还。

表4-9 客户档案资料借阅表

借阅时间	内容及编号	归还时间	借阅人	批准领导	经办人

2. 突出重点

重点客户不仅包括现实客户,还包括未来客户或潜在客户。在不同类型的客户资料中找出重点客户是很重要的。因此,突出重点客户管理能为企业选择目标客户、开拓新市场提供重要资料,为物流企业的进一步发展创造良机。

3. 动态管理

客户情况会发生变化,所以对客户资料也要不断地加以更新、完善。对客户的变化进行跟踪,删除过时的资料,及时补充新的资料,使客户档案管理保持动态性。如定期拜访客户,重新评估客户信用状况等,可以避免由于客户信息陈旧、过时带来的信用风险。

4. 保密制度

客户档案是企业的重要资料,必须做好保密管理工作。信息档案的保密管理需要制度化,根据实际情况,建立相关客户档案管理保密制度。

二、活动安排

(一) 活动内容

熟悉客户档案体系内容,学会填制客户档案资料。

客户信息档案卡和客户资料档案台账见表4-6、表4-7。

某客户企业——合安市烟草贸易公司相关资料如下:

合安市烟草贸易公司,负责该地区烟草制品的专卖管理,经营范围以国产卷烟为主,兼营进口卷烟。该公司位于合安市人民路2号,法人代表:张力,联系电话/传真号:0551-8888××89,业务经理:何华,联系电话:1398888××89,E-mail:hf07@163.com。

该公司负责1个专卖分局及1个物流配送中心,拥有员工1 200多人,年物流费用1 200万元。配送物品:由塑料周转箱和环保编织袋装载的条装卷烟;配送数量:烟草配送量约43.8万大箱,折合约219万件卷烟;配送起点:合安大道的卷烟物流配送中心。

配送终点:区域内约28 000个网点。

（二）活动要求

（1）通过任务,熟悉客户档案体系内容。

（2）通过任务,学会填制客户档案资料。

（三）活动步骤

（1）教师展示某企业客户的相关信息资料。

（2）让学生以小组为单位,模拟李均的角色,展开讨论,根据相关信息资料填写客户档案资料。

（3）教师告诉学生在录入过程中应仔细认真,保证客户档案资料的正确性和完整性。

（4）给每小组 3~5 分钟成果展示时间,由小组长展示本小组填写的客户信息资料卡。

（5）各组派代表交叉对其他组收集的客户信息资料进行评价。

［说明］

本活动约需 40 分钟。

［注意］

通过本次活动,体验客户信息资料的收集和整理工作,如果你是李均,面对"任务描述"中的工作任务,应该怎样建立客户档案体系? 怎样按照公司客户档案管理制度,管理好公司的客户档案,做好保密和借阅工作,注意及时维护和整理客户档案?

任务评价

见附录。

应用训练

（1）网上查找若干物流公司客户档案表格,观察档案表格的内容和格式,拓宽视野,加深对客户档案体系的认识。

（2）网上查找部分知名物流企业的客户档案管理制度,体验、熟悉客户档案管理办法,对客户档案管理有一个整体认识。

拓展提升

某物流企业的客户档案管理制度

一、档案管理的范畴

本制度所称的企业客户档案,是我公司真实反映本企业经营活动和业务拓展的历史记录,是我公司在提供物流服务活动中直接或间接形成的具有保存价值的,对企业经营、科学管理决策具有参考使用价值的各种文字、图表、声像等不同形式和载体的文件材料。

二、档案管理部门的职责

（1）我公司档案实行统一领导、分级管理的原则。各级客服部门必须明确配备专职或兼职的档案管理人员具体管理,档案管理工作实行统一监督和指导。

（2）企业客户相关文件材料的形成、积累、整理和归档工作,要列入客服部管理程序,列入客服部门职责范围和有关人员的岗位责任制。

(3)客服部门对所有的业务合同类文件及相关资料进行统一保管。由于牵扯到财务秘密、客户资料秘密、数据统计及报表统计秘密,应实行单独保管,设专人负责制。

(4)对已形成的具有保存价值的文件材料,应由客服部门所指定的客户档案管理人员集中进行管理,核对准确,并对之进行系统整理、分类、编目、登记、归档。

(5)客户档案管理人员对自己管理的档案资料编制必要的检索工具和参考资料,便于查找利用。

(6)客户档案(实物文档与电子文档)管理人员根据自己实际情况自行设定日期按月对档案管理工作进行检查、监督,出现遗漏或丢失情况,应尽快弥补,若无法解决,报客服部经理进行解决。

(7)档案在接收之日起须进行鉴定,鉴定中发现档案不准确、不完整,应及时责成有关部门和人员负责修改、补充。

(8)维护企业的自身经济利益,应对公司客户档案采取一定的保密处理,档案保管人员应严格确认档案的秘密等级,对机密类文件做好文件的保密工作。

三、档案的管理

(1)归档的文件材料必须是原件,完整齐全,能准确反映本企业运营情况和客户信息的真实内容与历史记录。

(2)收集到的客户信息档案材料必须经过系统的分类、排列、编号、编制文件目录、卷内备考表和案卷封皮,便于保管和利用。

(3)档案的文件材料,统一使用碳素墨水或蓝墨水书写,不得用铅笔、圆珠笔书写。要求字迹工整、图样清晰、纸质优良、文件和图纸规格符合国家规定。

(4)在"无纸化"计算机办公或事务系统中产生的电子文件,应采取更严格的安全措施,保证电子文件不被非正常改动。同时必须随时备份,存储于能够脱机保存的载体上,并对有档案价值的电子文件制作纸质或缩微胶片拷贝件保留。

(5)保存与纸质等文件内容相同的电子文件时,要与纸质等文件之间,相互建立准确、可靠的标识关系。

(6)每份电子文件均需在电子文件登记表中登记,电子文件登记表应与电子文件的备份一同保存,电子文件登记表如果制成电子表格,应与备份文件一同保存,并附有纸张打印件。

(7)做好档案鉴定工作,不得伪造或销毁档案,需要销毁无保存价值的档案,必须造具清册,经审核批准后并备案方可销毁,销毁档案时应指定监销人。

(8)保管的环境应当保持适当的温度和湿度,对破损的档案,须及时修补和复制;对重要的档案应当采取特殊的保护措施。

(9)各分公司、各部门必须建立健全《借、查阅档案登记表》,借、查阅人在借、查阅资料时需填写《借、查阅档案登记表》,并经客服部经理签字后方可借、查阅。借阅人要妥善保管档案资料,严格保密,不得转借,不得复制档案内容,严禁在档案材料上勾、画、涂、改,严禁抽取档案材料;借阅期限不得超过一天,如有特殊情况,逾期使用者应办理续借;因工作需要必须查阅某些档案时只能查阅批准查阅的档案内容,不得查阅其他内容。

（10）电子文件的封存载体不得外借。

（11）如有离职或岗位变动情况，档案管理人员必须做好文件档案工作的交接，写清档案交接单，客服经理须监交，将交接清单与文档目录核对后并签字确认。

（12）要定期对文件档案进行清理核对工作，做到账、物相符，对破损或载体变质的档案，要及时进行修补和复制，档案因移交、作废、遗失等注销账卡时，要查明原因，保存依据。

四、奖罚制度

（1）客服部经理不定期对分公司档案管理工作进行抽查或专查，不定期了解档案管理情况，有权对做得好的客户档案管理人员在绩效评估中进行表扬。

（2）对违反公司规定，泄露秘密文件内容或丢失文件的档案管理人员须以书面形式写出报告，并对之进行经济处罚。

此制度由二〇××年一月一日起执行，档案管理的所有规定均以此制度为准。

任务三　打印物流客户数据统计报表

任务描述

速达物流与配送有限责任公司客服部门实习生李均，已经从事物流客户数据的档案管理工作一段时间了。公司准备召开四季度经营状况总结会议，客服部经理要做主题发言，对本年的业务经营状况和客户拓展状况进行总结，并对下一年度客服工作进行展望。一天，李均被客服部经理叫到办公室，经理告诉他，近期工作任务是：对本年度客户数据进行分类汇总，根据相关客户数据统计报表等资料，写一个企业市场现状和客户拓展情况的总结报告。

李均接到工作任务后，应该怎样开展工作呢？怎样从公司客户数据统计报表中获取想要的数据资料呢？

任务目标

1. 知道物流客户数据统计报表的作用。
2. 熟悉物流客户数据统计报表的分类管理。

任务实施

一、知识准备

（一）物流客户数据统计报表的作用

在某种意义上，对于客户而言，客服部门是企业的代表；在物流企业内部，客服部门也是客户的代言人。为了有效地履行自己的职责，客服部门必须第一时间内获取客户运营信息。快速、精准地收集运营信息和客户信息是客服部门的首要工作职责，这在前面章节中已做了介绍。

同时,客服部门也要精确地分析和定位客户的需求与评价。而很多信息客服人员不能直接从一线获取,因此,精确、高效率地进行信息汇总和使用,是客服部门的重要工作之一。

鉴于以上特点,编制科学的数据统计报表是客服部门客服人员的重要工作之一,可为物流企业、各部门决策分析提供数据依据。

物流客户数据统计报表是指物流企业客服部门根据物流企业及各部门决策分析的需要,在客户数据库和客户档案等信息资料的基础上,精确、高效、有针对性地进行统计汇总和分析,而形成的统计报表。

（二）物流客户数据统计报表的分类管理

前面学习的建立数据库和客户档案建设是一项基本的数据统计工作,每类客户档案的索引和汇总部分,也运用了很多统计报表的结构。物流企业的客户数据统计和报表有很多种类与形式,分类标准不同,分类的方式也有很多种。例如,按照时间划分,可分为过程数据的统计报表和基于一定期间或项目阶段性反映的数据统计报表。

按照使用方向分类,物流企业的客服数据统计报表具体分为以下四种类型:

1. 查询客户业务、结算费用和统计业务收入的数据统计报表

查询客户业务、结算费用和统计业务收入是客服部门最核心和基础的工作职能之一,其数据来源主要是客户订单。对客户订单进行汇总,形成客户业务订单汇总表。在这里,客户订单编号会分解为一个或多个企业的运营单号,并在客服档案中形成——对应的关系,方便客服对业务的追踪和客户的查询。

以运输业务为例,客户业务订单汇总表见表4-10。

企业根据与客户签订的合同价格,同时基于各运营网点运作的上报信息,进行汇总,形成各种收入明细表。运输收入明细表见表4-11。

表 4-10　客户业务订单汇总表（运输业务）

发货日期	客户订单编号	起运地	目的地	随车记录单号	客户简称	运单号	实发（箱）	重量（吨）	应收单价	应收运费	车牌号	结账	货损情况

表 4-11　运输收入明细表

项目名称：

客户名称：

统计账期：

收入类别：

单位：元　　　　　　　　　　　　　　　　　　共　　页　　第　　页

序号	货票号	车皮号	件数	体积	重量	折合吨	单价	公里数	目的地	收货单位	应收小计	代收货款	是否开发票

财务审核：　　　　　　　审核：　　　　　客服部门经理审核：　　　　　经办人：

2. 核定、统计内部成本的数据统计报表

核定、统计内部成本的数据统计报表是客服部门的一项拓展职能,通常对于实行项目制的物流企业来说,客服人员汇总、核对运营成本,与财务部门对接,客服部门成了该项目运作成本的核计部门。这部分统计报表有很多种,运输成本明细表见表 4-12。

表 4-12　运输成本明细表

项目名称：

客户名称：

统计账期：

成本类别：

单位：元　　　　　　　　　　　　　　　　　　共　　页　　第　　页

序号	货票号	车皮号	件数	体积	重量	折合吨	公里数	目的地	收货单位	成本小计	是否结账

财务审核：　　　　　　　审核：　　　　　客服部门经理审核：　　　　　经办人：

3. 考核运营和处理、分析、预警异常事件的统计报表

在日常的工作流程中,客服部门记录和积累了主要的企业运营信息与异常事件信息,因此,客服部门就成了企业运营状态考核数据的提供者,甚至是考核者。在日常统计中,客服部门一般将形成客服质量月报等统计报表,见表 4-13。

表 4-13　客服质量月报

公司名称:				编号:
客户变化情况				
客户个数变化	□增加_____个		□减少_____个	□不变
变化情况说明	(客户业务类型、合作范围、预计营业额等)			
客户投诉情况				
本月客户投诉情况:				
客户名称	投诉日期	投诉内容	原因分析	处理措施
上月投诉处理效果:				
客户名称	投诉原因	整改方案		整改效果及遗留问题
质量事故情况				
本月质量事故情况:				
客户名称	出险日期	出险状况	原因分析	处理措施
上月质量事故处理结果:				
客户名称	出险状况	处理方案		处理结果
主要客户关系维护、交流情况				
客户名称	时间	客户人员职位及名称		交流内容
为提高服务质量、培养服务意识所做的工作				
客户名称	时间	参加人员及数目	措施	效果
先进经验(重点内容)				
客户动态信息(重大信息)				
填表人:			填表日期:	

4. 其他部门之间的交流和行使管理职能的统计报表

为了更好地配合各部门之间的交流,进一步行使部门或公司管理职能,客服部门会根据公司特定的管理要求,以上述统计报表为基础,定期或不定期编制各类客户数据统计报表,如《项目经营情况汇总表》,见表4-14。

表4-14　项目经营情况汇总表

项目名称	运输吨位	运输立方	运输票数	仓储总面积	收入	外协成本	自有车辆成本	仓储成本	税金	总成本	毛利润	毛利率

课堂体验:客户数据统计报表按照使用的方向进行分类管理,对物流企业客服工作具有哪些作用?

_____

_____

_____

二、活动安排

(一) 活动内容

懂得如何阅读公司客户统计报表。

根据"任务描述"中的情景,提供12月份运输业务客户业务订单汇总表(见表4-15)。

表4-15　客户业务订单汇总表(运输业务)

发货日期	客户订单编号	起运地	目的地	随车记录单号	客户简称	运单号	实发(箱)	重量(吨)	应收单价	应收运费	车牌号	结账情况	货损情况
2019-12-1	AB04001	合肥	合肥	40001	沃尔玛01店	44001	1 000	20	100	2 000	皖A45885	已结	无
2019-12-15	AB04002	合肥	合肥	40002	沃尔玛02店	44002	2 000	40	100	4 000	皖A45678	已结	无
2019-12-17	AB04003	合肥	合肥	40003	沃尔玛03店	44003	1 000	20	100	2 000	皖A48532		无
2019-12-21	AB04004	合肥	合肥	40004	沃尔玛04店	44004	800	16	100	1 600	皖A45888		无

（二）活动要求

（1）通过任务,熟悉客户数据统计报表分类管理。

（2）通过任务,学会阅读简单的客户数据统计报表。

（三）活动步骤

（1）教师展示客户业务订单汇总表。

（2）让学生以小组为单位,模拟李均的角色,展开讨论,从这一统计报表中获取相关信息。

（3）教师告诉学生运用已学专业知识,仔细观察提供的客户数据统计报表,尝试从中提取"任务描述"需要的信息。

（4）给每小组 3~5 分钟成果展示时间,由小组长展示本小组分析结果。

（5）各组派代表交叉对其他组收集的客户信息资料进行评价。

[说明]

本活动约需 40 分钟。

[注意]

通过本次活动,尝试阅读客户数据统计报表,在阅读过程中要运用已学到的物流专业知识,有针对性地提取有价值的信息。

任务评价

见附录。

应用训练

（1）教师展示若干物流公司客户数据统计报表,让学生观察统计报表的内容和格式,拓宽学生视野,加深学生对客户数据统计报表的认识。

（2）通过本任务的学习,让学生上网收集相关资料,懂得如何阅读公司客户数据统计报表,尝试分析客户数据统计报表。

拓展提升

某物流公司的客户数据统计报表的调查

一、客户数据统计报表的类型

1. 反映该物流公司的业务及收入情况的统计报表

这包括客户业务订单汇总表、客户构成分析表、运输收入明细表、装卸收入明细表、仓储收入明细表等。

2. 反映该公司业务成本、结算的统计报表

这包括运输成本明细表、装卸成本明细表、仓储成本明细表、项目管理成本分摊表、客户项目分析表、收付款对应明细表、应收账款分析报告等。

3. 反映运营数据及客服质量的统计报表

这包括客户服务质量表、重大客户投诉处理记录表、一般客户投诉处理记录表等。

4. 反映企业运营综合情况的统计报表

这包括项目经营情况汇总表、主要项目不同年份变化表等。

二、客户数据统计报表的作用及应用

（1）通过对这些统计报表的分析，能够了解公司业务运作是正常还是异常，从而使公司对有关部门的业务进行有效的监控。

（2）为公司的决策起到辅助支撑作用。如根据对客户业务统计报表的分析，对客户进行分级管理，见表4-16。

表4-16　某物流企业客户分级管理标准

得分指标		5	4	3	2	1	备注
物流收入（月）		10万元以上	5万~10万元	3万~5万元	1万~3万元	1万元以下	
物流总量（年）		200万元以上	150万~200万元	100万~150万元	60万~100万元	60万元以下	
行业知名度（排名）		1~3名	3~5名	5~10名	10~15名	15名以后	
社会知名度		立体广告多	单一广告多	有立体广告	有单一广告	广告很少	
毛利润率		100%以上	60%~100%	35%~60%	15%~35%	15%以下	
单次发货量		整车	10立方米以上	5~10立方米	3~5立方米	3立方米以下	
结算方式		现结	定期	定期要返单	有拖欠	经常拖欠	
结算周期		30天内	30~60天	60~180天	180天以上	时间长无规律	
操作难度	集货	提前一个工作日	提前0.5个工作日	定时	4小时	2小时以内	
	城间	公司服务范围之内	符合公司服务范围	要求准时	必须准时	公司服务范围之外	
	配送	自提	有办事处	有配送费	70%有办事处	70%无办事处	
A级		40分以上，无2分、1分					
B级		35分以上，无1分					
C级		25分以上，无1分					
D级		15~25分					
E级		15分以下					

（3）对相关部门的业务起到评价和预警作用。

巩固提高

一、单项选择题

1. 曾为物流企业客户，由于种种原因，现在不再购买企业的服务产品的个人或组织，是指(　　)。

　　A. 非客户　　　　　　　　　　　　B. 潜在客户

　　C. 现实客户　　　　　　　　　　　D. 流失客户

　　2. 物流客服人员在特定的区域内,挨门挨户地进行访问,以挖掘潜在客户,寻找客户线索的方法,又称"地毯式寻找法",是指(　　)。

　　A. 介绍寻找法　　　　　　　　　　B. 逐户访问法

　　C. 资料查询法　　　　　　　　　　D. 产品展示法

　　3. 企业为客户提供的每一笔服务记录和对客户服务中的异常或争议处理等资料属于(　　)。

　　A. 客户基本资料信息　　　　　　　B. 客户接受服务过程信息

　　C. 客户的意见和建议等反馈信息　　D. 企业对客户的评价信息

　　4. 客户情况会发生变化,客户资料也会不断地加以更新、完善。对客户的变化进行跟踪,删除过时的资料,及时补充新的资料,是指(　　)客户档案管理方法。

　　A. 专人管理　　　　　　　　　　　B. 保密制度

　　C. 动态管理　　　　　　　　　　　D. 突出重点

　　5. (　　)包括客户的名称、地址、经济类型、注册资金、业务范围、规模、电话等,这些资料是客户管理的起点和基础。

　　A. 客户最基本的原始资料　　　　　B. 客户相关人员的资料

　　C. 双方合作情况的资料　　　　　　D. 客户周边竞争对手的资料

　　6. 在与客户合作过程中,做好提供每笔订单服务的运作情况记录的客户档案是(　　)。

　　A. 客户信息档案卡　　　　　　　　B. 客户回访调查表

　　C. 客户资料管理台账　　　　　　　D. 客户数据统计报表

　　7. 通过查询各种有关的情报资料(如电话号码簿、企业年鉴等)来寻找客户的方法,是指(　　)。

　　A. 信函寻找法　　　　　　　　　　B. 电话寻找法

　　C. 网络寻找法　　　　　　　　　　D. 资料查询法

　　8. (　　)是客服部门的一项拓展职能,通常用于实行项目制的物流企业。

　　A. 查询客户业务、结算费用和统计业务收入的数据统计报表

　　B. 核定、统计内部成本的数据统计报表

　　C. 考核运营和处理、分析、预警异常事件的统计报表

　　D. 其他部门之间的交流和行使管理职能的统计报表

　　9. 在日常的工作流程中,客服部门记录和积累了主要的企业运营信息和异常事件信息,反映这些信息的客户数据统计报表是(　　)。

　　A. 客户业务订单汇总表　　　　　　B. 运输收入明细表

　　C. 客服质量月报　　　　　　　　　D. 项目经营情况汇总表

　　10. 根据物流企业客户类型和客户营销运作程序,可以把客户档案资料进行分类、编号定位并活页装卷,这属于(　　)。

　　A. 收集客户档案资料　　　　　　　B. 客户档案的分类整理

　　C. 客户档案的完善和更新　　　　　D. 客户档案的存档

二、多项选择题

1. 现实客户,是指物流企业产品或服务的现实购买者,具体又可以分为(　　　　　)。

A. 初次购买客户　　　　　　　　　　B. 潜在客户

C. 重复购买客户　　　　　　　　　　D. 忠实客户

2. 物流客服人员根据寻找潜在客户的过程中收集到的客户信息,建立并登记物流客户资料卡。物流客户资料卡一般包括(　　　　　)。

A. 组织型物流客户资料卡　　　　　　B. 客户数据库

C. 个体型物流客户资料卡　　　　　　D. 客户调查信息表

3. 电子数据库与传统方式建立的客户档案相比,具有(　　　　　)功能。

A. 可以容纳庞大的客户信息档案,且便于储存、复制和携带

B. 可以迅速对已有的客户信息进行查找

C. 可以通过网络化平台,与客户进行互动,完善个性化服务

D. 不容易保管和维护

4. 客户信息及服务档案一般包括(　　　　　)。

A. 客户基本资料信息　　　　　　　　B. 客户接受服务过程信息

C. 客户的意见和建议等反馈信息　　　D. 企业对客户的评价信息

5. 建立客户档案就要专门收集客户与公司联系的所有信息资料,以及客户本身的内外部环境信息资料,主要包括(　　　　　)。

A. 客户最基本的原始资料　　　　　　B. 客户相关人员的资料

C. 双方合作情况的资料　　　　　　　D. 客户周边竞争对手的资料

6. 物流客户档案管理的方法有(　　　　　)。

A. 专人管理　　　　　　　　　　　　B. 保密制度

C. 动态管理　　　　　　　　　　　　D. 突出重点

7. 根据客户数据库内容来源不同,客户数据库内容一般包括(　　　　　)三种类型。

A. 潜在客户　　　　　　　　　　　　B. 非客户

C. 现实客户　　　　　　　　　　　　D. 流失客户

8. 按照时间划分,客户数据统计报表可分为(　　　　　)。

A. 过程数据的统计报表

B. 基于一定期间或项目阶段性反映的数据统计报表

C. 客户统计分析表

D. 客户订单汇总表

9. 建立物流客户档案体系流程,主要包括(　　　　　)。

A. 收集客户档案资料　　　　　　　　B. 客户档案的分类整理

C. 客户档案的存档　　　　　　　　　D. 客户档案的完善和更新

10. 按照使用方向分类,客户数据统计报表可分为(　　　　　)。

A. 查询客户业务、结算费用和统计业务收入的数据统计报表

B. 核定、统计内部成本的数据统计报表

C. 考核运营和处理、分析、预警异常事件的统计报表

D. 其他部门之间的交流和行使管理职能的统计报表

三、判断题

(　　) 1. 潜在客户是指物流企业经过市场细分后,选择的力图开发为现实客户的个人或者组织。

(　　) 2. 网络寻找法是指借助互联网宣传、介绍自己的产品或服务,运用网络工具来寻找客户的方法。

(　　) 3. 流失客户不一定是不满意企业服务的客户,有时候只是他们的需求发生了变化,应保留这类客户的数据,以便在适当的时机采取相应措施挽回这些客户。

(　　) 4. 统计报表是指一种日常经营数据的定向采集和汇总。

(　　) 5. 客户档案内容必须保持真实性,这就要求业务人员的调查工作必须深入实际。

(　　) 6. 建立客户档案之后,无论客户信息怎样变化,都不会补充、增加客户档案资料。

(　　) 7. 客户数据库能够全面收集、追踪和掌握物流客户的基本情况、产品或服务需求和个人偏好,并且还能够深入统计和分析,从而使物流企业的营销工作更有针对性。

(　　) 8. 在某种意义上,对于客户而言,客服部门是企业的代表;在物流企业内部,客服部门也是客户的代言人。

(　　) 9. 编制科学的数据统计报表是客服部门客服人员的重要工作之一,可为物流企业、各部门决策分析提供数据依据。

参考答案

(　　) 10. 数据库和客户档案建设是一项基本的数据统计工作,每类客户档案的索引和汇总部分,都没有使用统计报表的结构。

项目五 处理订单业务与客户投诉

项目目标

1. 熟悉货品托运业务受理规范化语言。
2. 明确货物托运受理的内容及注意事项。
3. 能够通过电话、前台、网络受理各种订单业务。
4. 能够为客户办理网络查询、电话查询订单业务。
5. 会处理客户投诉。
6. 树立窗口意识,培养客服人员的礼节礼仪。

任务一 处理电子订单业务

任务描述

李均和王武钢两位同学经过一段时间的学习,对物流客户服务的重要性及相关知识和业务有了基本的认识。但是,他们还是不太清楚物流企业到底是如何处理订单业务的。于是,李均和王武钢决定上网查找相关资料。他们了解到物流公司的订单业务主要是通过前台、电话呼叫中心及公司的网站来进行的,这些任务是由受理员完成的。那么,前台订单业务、电话订单业务及网上订单业务到底是如何完成的呢?

任务目标

1. 熟悉货品托运业务受理规范化语言。
2. 明确货物托运受理的内容及注意事项。
3. 能够通过电话、前台、网络受理各种订单业务。

任务实施

一、知识准备

(一) 前台订单业务处理

1. 前台客服人员的工作任务

(1) 业务受理员。业务受理员是指负责受理物流企业具体业务的人员。业务受理员一般由前台客户服务人员担任,其具体的工作主要是接受客户的咨询及业务的受理,包括对客户信息的接收、归纳分解及处理。

(2) 总机话务员。总机话务员是指物流企业接转电话的业务操作人员。总机话务员的任务主要是接入客户打来的电话,保持电话的通畅,接听客户电话并转接到公司相关部门。

2. 受理员业务受理流程

受理员作为业务受理的第一关,听清楚、问清楚是物流服务的基本保障。因此各个公司都会设计适合自己业务的规范化服务语言。受理员上岗前要接受相关的培训,常见的规范化语言涉及的业务有发货、异地调货、提送货、市内派送、长途派送、市内巡展等。

典型发货业务及市内派送业务规范化语言示例如下:

(1) 规范化语言示例。

① 发货业务。

● 请问,您的货物要发到什么地方? 发门到门还是门到港(门到门要询问要求到达的天数,门到港要询问要求送达的运输方式)?

● 请问,您的货物在节假日是否可以送货?

● 请问,您货物的件数、预计重量、体积是多少? 包装方式是什么? 是否需要再次包装?

● 请问,您的货物是否需要投保? 您的货物声明价值是多少?

● 请您稍等,我给您报价:您的货物属于按体积计价的泡货(或按重量计价的一般货物),算出预计运费为×××元,保险费×××元,重新打包费×××元(如需投保或再次包装的话),合计×××元,您认为可以吗?

什么是泡货

● 请问,运费结算采用运费预付还是运费到付? 支付方式是现金还是支票?

● 请问,您怎么称呼? 您的电话号码是什么?

● 请问,您取货的详细地址、联系人及联系方式是什么?

● 那么我们什么时间取货方便呢(尽量留出时间,以便公司安排车辆)?

● 请问,您还有其他要求吗?

● 感谢您的来电,如您还需要本公司的其他服务可以直接找我,我的工号是×××,××先生/女士,再见!

课堂体验:模仿发货业务语言规范,写出异地调货语言规范。

_____

_____

---

② 市内派送业务。

● 请问,您的货物从哪儿送到哪儿? 送货地是否有电梯? 需要搬运工吗?

● 请问,您货物的件数、重量、体积是多少?

● 请问,您的货物是否需要投保? 您的货物声明价值是多少?

● 请问,您的货物送达的详细地址是什么? 收货联系人的姓名、电话是什么?

● 请您稍等,我给您报价:您的货物运费(或加保险费)为×××元,您认为可以吗?

● 请问,您是否随车同行?

● 请问,您怎么称呼? 您的电话号码是什么?

● 请问,您还有其他要求吗?

● 感谢您的来电,如您还需要本公司的其他服务可以直接找我,我的工号是×××,××先生/女士,再见!

(2) 填写公路货物运单,见表5-1。

表 5-1 公路货物运单

运单号码

托运人姓名		电话		收货人姓名			电话	
托运人详细地址				单位				
托运人账号		邮编		收货人详细地址				邮编
取货地联系人姓名		单位		收货人账号				单位
		电话		送货地联系人姓名			电话	邮编
取货地详细地址		邮编		送货地详细地址				

始发站		目的站		起运日期	年 月 日 时	要求到货日期	年 月 日 时	
运距	公里 全行程 公里			是否取送	取货 送货	是否要求回执	是 否	客户单据
路由					取货签字 送货签字	运单		

货物名称	包装方式	件数	计费重量(kg)	体积(m³)	托运人或代理人签字或盖章 年 月 日 时	实际发货件数 件	分

合计					收货人或代理人签字或盖章 年 月 日 时	实际发货件数 件	分
收费项	运费 取送货费 杂费		费用小计		送货人签字 年 月 日 时		件 分
金额(元)							分

客户声明	投保 不投保 投保金额		保险费	元	备注:		
保声费明	万 仟 佰			拾	元	角	分

运杂费合计(大写)				元			
结算方式	月结	预付款					
现付		付费账号					
到付		受理日期		年 月 日 时			
制单人		受理单位			受理单位		

注:填写本运单前,请务必阅读背书条款,您的签名意味着您理解并接受背书条款。

（二）电话订单及网上订单业务处理

1. 电话订单业务的处理

（1）通用服务用语举例。

① 系统报工号后，话务员："您好，请问，有什么可以为您服务?"

② 二次以上来电的客户，话务员："××先生/小姐您好！请问，今天有什么可以为您服务?"

销售物流
服务产品 1

③ 遇到无声电话，话务员："对不起，我听不到您的声音，请您挂断后重新拨打，再见！"

④ 遇到客户不讲话时，话务员："您好，请问，有什么可以为您服务?"

⑤ 询问两遍以上仍不应答时，话务员："对不起，听不到您的声音，不能为您服务。"

⑥ 遇到电话杂音太大听不清楚时，话务员："对不起，您的电话杂音太大听不清楚，请您换一部电话重新拨打好吗? 再见！"

销售物流
服务产品 2

⑦ 遇到电话声音太小听不清楚时，话务员："对不起，您的声音很小，请您大声点讲好吗?"

⑧ 遇到客户不讲普通话听不懂时，话务员："对不起，请您讲普通话好吗?"

⑨ 一时没听清楚客户所述内容要求其配合重复时，话务员："对不起，麻烦您把刚才反映的问题再说一遍好吗?"

⑩ 向他人咨询或查询相关问题需客户等待时，话务员："对不起，请您稍等。"客户同意后应按静音键，取消静音后，话务员："对不起，让您久等了。"

销售物流
服务产品 3

⑪ 遇到客户一拨通电话就情绪激动，大声指责时，话务员："对不起，请问，有什么可以为您服务?"同时话务员应调整好心态，要安抚客户的不满情绪，若无法处理，应记录客户所反映的问题及联系方式。切忌与客户争辩或讲服务忌语。

⑫ 遇到客户骂粗口时，话务员："对不起，请您自重！ 请问，有什么可以为您服务?"

⑬ 遇到骚扰电话时，话务员："对不起，我们规定上班时间不允许闲聊。请问，还有没有其他可以为您服务的?"

⑭ 客户说话慢且不连贯时，必须让客户把话说完再作相应答复，不可不耐烦地将客户的话打断，要细心聆听。

⑮ 一时解释不清客户要咨询的问题时，话务员："对不起，我先帮您记录下来，反馈给相关部门，尽快给您答复，可以吗?"

⑯ 需要留下客户的联系电话时，话务员："请问，您的联系电话是多少?"

⑰ 需要留下联系人姓名时，话务员："请问，您的姓名是?"

⑱ 客户挑剔话务员态度时，话务员："对不起，刚才我说话太急了，请您原谅！"

⑲ 客户着急催促时，话务员："对不起，我正在给您查询，请稍等。"

⑳ 客户情绪急躁反复询问时，话务员："请别急，再听我说一遍好吗?"

㉑ 客户责备应答慢时，话务员："对不起，让您久等了！ 请说。"

㉒ 客户连续发问时，话务员："请别急，慢慢说。"

㉓ 客户想提前得到信息时，话务员："对不起，我们还没有接到通知。"

㉔ 客户打错电话时，话务员："对不起，您打错了，这里是××物流服务热线。"

㉕遇到客户所查信息系统里没有时,话务员:"对不起,您咨询的内容暂时没有记录,给您造成不便,敬请原谅。"

> **⚠ 小贴士**:物流企业电话服务忌语
>
> (1)"喂,喂,讲话。"　　　　　　(2)"喂,什么?大点声。"
> (3)"我也不知道。"　　　　　　(4)"留下联系电话。"
> (5)"你姓什么?叫什么?"　　　(6)"我态度怎么了?"
> (7)"着什么急,正在查!"　　　(8)"我刚才已经说过了,没听懂吗?"
> (9)"电话太忙,你说吧!"　　　(10)"还有什么?"
> (11)"不知道。"　　　　　　　　(12)"你知不知道我是哪儿?"或"打错了。"
> (13)"怎么又打进来了?我们这里是××物流。"

（2）电话受理业务的注意事项。

①门到门的承诺时间:当日12:00前取货,次日17:00前送到;当日12:00后取货,次日24:00前送到。具体参照各物流公司业务操作指南。

②泡货(体积大质量轻的货):如承运的货物有可能是泡货,要预先向客户解释"泡货"的概念、计算公式。

③预计重量与实际重量:货物取回后,如果两者差别较大,要由受理员与客户重新确认承运价格。

④收款:当日结算客户以个人名义发货时,应收全额的预收款;当日结算客户以公司名义发货时,应收80%的预收款;每月结算客户以公司名义发货时,可以不收预收款;老客户未签每月结算合同不能按每月结算客户对待,分公司或营业所需经理批准后可免收预收款。

⑤包装:如客户需要包装,要根据货物的类别选用适合的包装材料并计算出包装的预计价格。包装材料及其适用货物见表5-2。

表5-2　包装材料及其适用货物

包装材料	适用的货物
纸箱	宣传品、资料、礼品、小型仪器、电器
木箱	仪器、贵重物品、工艺品(螺栓、钉子、底托)
吊篮	碳棒、工艺品、易碎品
竹篓	鲜活物品
麻绳	框架样物品、自行车等
麻皮	用于纸箱、外包装等
防震板	填充物
气垫膜	填充物、包装物

续表

包装材料	适用的货物
打包带	用于纸箱外固定
铁质打包带	用于木箱固定

⑥ 保险：确认货物是否在保险范围内；询问客户是否给货物投保，告知客户保险的费率和300元的免赔额；贵重货物建议客户投保，告知客户如不足额投保，可能造成货损赔偿金额不足；旧货品可以投保，但只有车祸、失窃和水浸三种情况才能进行赔偿。

⑦ 长途货运业务：如是零散客户要先付运输费用的全款，或至少80%的预付款；承诺到达时间一般根据500~700公里/天核算，加急对超出700公里/天的部分收取加急费或高速路桥费实报实销；贵重货物必须投保，标明保价，单车货物声明价值超过500万元时需与客服经理联系。

2. 网上订单业务受理

随着网络经济的发展，企业也开始通过互联网开展业务。受理网上订单业务主要包括在网站上下达订单任务和网络后台系统处理订单两个流程。

（1）客户通过公司的网站下达订单。客户可以通过网上直接下单和利用公司的在线客服下单两种方法办理货品托运业务。

① 网上直接下单。首先打开公司网站，然后找到"网上下订单"栏目，按照网上提示的操作顺序进行操作就可以了。

② 客户利用网上的在线客服来完成下单业务。一般客服都会利用QQ、微信等网络聊天工具帮助客户下单。基本受理流程和注意事项与电话订单受理基本相同。网上客服把客户的订单信息及时录入下单系统后，系统会自动生成订单。

（2）公司网站后台系统处理客户订单的流程。客服代表通过公司的网络下单系统下载客户的订单信息，根据公司系统自动匹配，把取货信息发送给相关的取货员。

二、活动安排

（一）活动内容

模拟客服前台人员，揽收客户发送的货物并填写运单。

任务案例背景如下：大道物流有限公司是湖北省排名领先的零担运输物流企业。公司专业从事公路货物运输。大道物流有限公司凭着稳定、可靠、安全的运营网络，科学的资源整合，先进的管理技术，可为各类企业提供全方位的一站式物流运输服务。

（二）活动要求

（1）通过任务，熟练掌握业务受理的流程和要求。

（2）通过任务，认识到前台客服电话礼仪的重要性。

（三）活动步骤

（1）把参与者分为 6 人一组,3 人扮演大道物流公司的前台客服人员,3 人扮演物流客户,准备好需要办理的业务,如一批货物的托运或托运后查询等。

（2）请参与者按 6 人一组分区域坐好。

（3）每组分别派代表模拟演示前台客服人员接听客户的来电并办理业务。

（4）教师及其他同学进行观摩,并对这组同学的表现进行点评。

（5）各组派代表交叉对其他组的演示进行评述。

（6）由教师做总结发言,强调理解以下几点。

① 订单受理是客服的基本工作任务,也是物流企业对外的窗口。

② 客服人员不仅要完成订单受理业务,还要从客户的角度出发,为客户选择一个更好的业务方案。

③ 客服人员要适时地介绍公司的相关业务项目,为公司争取更多的业务机会。

[说明]

本活动约需 40 分钟。

[注意]

告诉参与活动的学生,态度决定一切。只有认真参与活动,并在关键时刻认真提供相应的服务,才能获得客户的尊重。

作为未来物流客户服务实施者,应该认识到在服务中不断改进服务质量,提升客户服务满意度,必须从现在开始。

任务评价

见附录。

应用训练

观看物流客户服务案例视频,观察客户服务人员如何与客户交流,并记录接待流程,加深对物流客户服务活动的认识。

拓展提升

各种发货方式对货物体积、重量的限制

一、航空货运货物体积、重量限制

单件货物的长、宽、高之和不得少于 40 cm。超大、超重货物质量、体积限制:非宽体飞机重量一般不超过 80 千克,体积一般不超过 40 cm×60 cm×100 cm;宽体飞机重量一般不超过 250 千克,体积一般不超过 100 cm×100 cm×140 cm。

二、铁路货运货物体积、重量限制

铁路货运对货物体积、重量均没有限制,火车能够装载,利用装卸工具可以装卸即可。

三、公路货运货物体积、重量限制

公路货运对货物体积重量没有特别限制,汽车能够装载,利用装载卸工具可以装卸即可。

任务二　办理订单查询业务

任务描述

　　李均和王武钢两位同学,经过任务一的学习与活动实践,学会了通过电话、前台、网络受理订单,认识到了运用专业、礼貌用语,创新思维,为客户提供有价值的业务方案对于物流企业的重要性。李均和王武钢两位同学都认为客户会非常希望随时掌握自己订单的执行情况,但是,两人不清楚作为物流企业的客服人员应如何受理客户的订单查询业务,带着问题,他们走进课堂,寻求答案。

任务目标

　　1. 理解受理客户查询业务的流程。
　　2. 会处理订单查询业务。

任务实施

一、知识准备

　　订单查询工作主要是客户通过网络和电话来进行的。客户的查询业务包括网络查询订单业务和电话查询订单业务。

(一) 网络查询订单业务

　　客户在公司的网站或 App 上通过输入订单号来查询。具体流程是:客户打开物流公司的网站或 App,进入"订单查询"栏目,按照页面要求输入订单号和验证码,点击"确定",网页上就会出现这一单业务的货物跟踪信息。

(二) 电话查询订单业务

　　客户在电话查询时,可能在公司网站或 App 上已经查询到相关结果和未及时显示订单详细信息两种情况,客户服务人员在服务中都需正确使用服务用语。

　　1. 已经在系统查询到相关结果

　　客户服务人员:"您好,请问,有什么可以为您服务?"

　　客户:"我的货都发了好几天了,到现在都没有到,你们怎么那么慢呢?"

　　客户服务人员:"先生,您好,麻烦您先告诉我,您的货物单号是多少?"

　　客户:"我的单号是××××××"。

　　客户服务人员:"您稍等,正在为您查询。不好意思,让您久等了,您的货物现在已经到了××××××(地方),正常情况下×××(多长时间内)可以到达目的站。"

　　客户:"我的货很着急的,客户是要等出口的,快点儿帮我处理吧。"

　　客户服务人员:"确实很抱歉,给您添麻烦了,您的货现在已经在×××(地方)了,只要货一到××营业部,便会第一时间给您安排送货(或是通知您自提),您放心。"

2. 系统未及时显示订单详细信息

客户服务人员:"您好,请问,有什么可以为您服务?"

客户:"我要投诉,你们最近的货物运送怎么那么慢啊?"

客户服务人员:"先生,您好,您先别着急,麻烦您先告诉我,您的货物单号是多少?"

客户:"我没有单号,你难道就不可以帮我查了吗?"

客户服务人员:"先生,很抱歉,您误会了,如果您不告诉我相关的信息,我也无法帮您查询到您的货物,请问一下您是发货人还是收货人?"

客户:"收货人。"

客户服务人员:"那麻烦您告诉我,您的货是什么时间发的,收货人的名字,也就是当时开单时留的是谁的名字?"

客户:"是×××(时间)发的,收货人是×××。"

客户服务人员:"好的,您稍等,正在为您查询。先生,您好,不好意思,让您久等了。请问,您是发的××件××货物吗?"

客户:"是的,现在怎么样了?"

客户服务人员:"您的货物系统未显示最新的物流信息,我和相关部门先查询,稍后给您回电话,好吗?"

客户:"你们怎么那么麻烦啊,你会不会回我电话啊?"

客户服务人员:"您放心,我先查询,15 分钟之内一定告知您结果,请问这个电话就可以联系到您吗?"

客户:"可以,你尽快吧!"

查到结果后切记要在承诺时间内告知客户结果,一般规定必须在承诺时间之内回复客户。

二、活动安排

(一) 活动内容

学生分别模拟客户及客户服务人员,通过电话对客户订单的执行情况进行查询处理。案例资料见表5-3。

表 5-3 案 例 资 料

托运单号	YD4610007913	托运人账号:无
托运人	北京嘉顺地毯有限公司[联系人:李丽(经理),联系电话:010-64351003,地址:北京市丰台区丰台北路1号,邮编:100000]	
包装方式	纸箱	
货物详情	货物名称:地毯,数量:60件,总重量:2 500 kg,总体积:12 m³	
收货人	北京嘉顺地毯沈阳办事处(联系人:钱春,联系电话:024-32315618,地址:沈阳市和平区文艺路23号,邮编:110000)	

托运要求	（1）要求上门取货和送货，取货地联系信息与托运人联系信息相同，送货地联系信息与收货人联系信息相同； （2）要求 2020 年 3 月 12 日 17 时之前送到目的地； （3）凭客户签字的运单作为回执
结算	（1）结算方式：现结； （2）此批货物为轻泡货，运费计算公式为：立方米公里运价×运距×总体积； （3）不收取取货和送货费用，无其他杂费
投保	货物需要投保，投保金额为 100 000 元，保险费率为货值的 0.5%，保险公司为中国人民财产保险公司

（二）活动要求

（1）通过任务，强化电话接听礼仪及技巧。

（2）通过任务，能够快速处理订单的电话查询业务。

（三）活动步骤

（1）每组成员分别担当客户和客服人员，根据教师提供的案例模拟订单查询服务过程。

（2）各组成员分别列出对方作为客服人员在完成订单查询服务的过程中出现的问题及做得较好的方面。

（3）进行组内探讨，总结出客服人员在接听客户订单查询电话的注意事项。

（4）每组派一名代表进行总结性发言，各组进行互评。

（5）教师进行总结。

［说明］

活动约需 40 分钟。

任务评价

见附录。

应用训练

（1）倾听物流配送中心订单查询案例电话录音，找出客服人员处理客户订单查询业务时出现的问题，并提出正确的处理方案。

（2）学习物流企业礼仪规范，通过多媒体等途径从客户服务礼仪、办公室礼仪、商务礼仪、涉外礼仪和日常礼仪等方面进行训练，打造标准的物流企业客服人员形象。

拓展提升

电话礼貌用语

作为公司客户接待人员，一个基本功就是电话礼仪，会使用电话礼貌用语。常用不当用语与礼貌用语对照表见表5-4。

表5-4 常用不当用语与礼貌用语对照表

情景	不当用语	礼貌用语
向人问好	喂	您好
自报家门	我是××公司的	这里是××公司
问对方身份	你是谁	请问您是
问别人姓名	你叫什么名字	能否告诉我您的姓名
问对方姓氏	你姓什么	请问，您贵姓
要别人电话号码	你电话是多少	能留下您的联系方式吗
叫别人等待	你等着	请您稍等一会儿
结束谈话	你说完了吗	您还有其他需要吗
做不到	那样可不行	很抱歉，这个我们可能办不到
没听清楚	再说一遍	对不起，请您再说一遍，好吗

任务三　处理物流客户投诉业务

任务描述

李均和王武钢两位同学基本掌握了订单受理的工作技巧，并且通过课堂模拟训练也能够较为熟练地为客户提供订单查询服务。但是，物流客户的投诉处理工作相对于订单受理及查询工作要求更高、更复杂。两人思考，如果遇到客户电话投诉货品没有按时送到等问题，客服人员应该如何应对呢？

任务目标

1. 理解客户投诉受理流程。
2. 能够区分客户投诉类型。
3. 掌握处理客户投诉的方法。
4. 掌握各类事故投诉处理语言及技巧。

任务实施

一、知识准备

（一）投诉及投诉受理流程

1. 投诉

投诉是指一个组织，包括企业、政府机关、非营利机构，受到其服务对象的任何不满意的表示，不论正确与否。客户在接受服务后感到不满意的反应不外乎两种：一是说出来，

投诉客户
的价值1

投诉客户
的价值2

二是不说。据一项调查表明：在所有不满意的客户中有 **69%** 的客户从不提出投诉，有 **26%** 的客户向身边的服务人员口头抱怨过，只有 **5%** 的客户会向管理部门投诉，如向客服中心正式投诉。

　　5% 的投诉客户所采取的投诉方式可以分为三种：当面口头投诉，包括向公司的任何一个职员；书面投诉，包括意见箱、邮局信箱、网上电子邮件、**App** 留言等；电话投诉，包括热线电话、投诉电话、免费电话、自动语音电话等。

　　（1）客户到公司的投诉中心投诉。一般情况下，客户要去物流公司客户服务部设置的客户投诉中心进行投诉。客户投诉中心的投诉受理人员按照程序受理和处理客户的投诉。

　　（2）网络受理客户投诉。客户通过物流公司的网站直接向物流企业投诉。这是一种便捷的投诉方式，也是受理客户投诉的一个发展方向和趋势。

　　（3）电话热线受理客户投诉。客户向物流企业的呼叫中心的投诉热线进行投诉，呼叫中心的投诉受理人员进行现场解答或事后处理客户的投诉。这也是一种便捷的方式，体现了快捷、高效、经济的特点。

　　2．物流客户投诉处理工作流程

　　（1）物流客户投诉处理工作流程如图 5-1 所示。

处理冲突 1

处理冲突 2

处理冲突 3

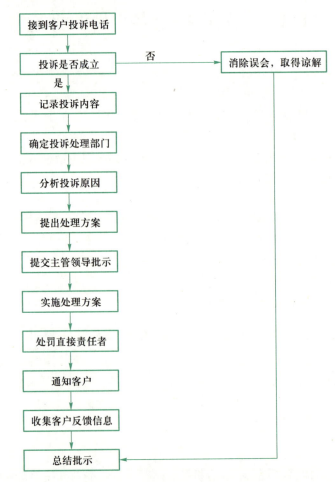

图 5-1　物流客户投诉处理工作流程

（2）物流客户网上投诉处理流程如图 5-2 所示。

① 邮件投诉处理流程：客户通过发 E-mail 的形式将投诉信息传递到公司网站，由信息部以 BQQ 形式转至客服部投诉处理部门。

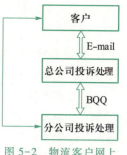

图 5-2　物流客户网上投诉处理流程

● 总公司投诉处理人员根据客户 E-mail 中所投诉的内容，将客户的投诉原文以 BQQ 形式发至与事故相关的责任公司或发货分公司，并确认记录，由该公司投诉处理人员与该客户电话联系，解决事故。

● 总公司先行回复客户，针对投诉的核心问题进行解释，并对确实由于公司造成的投诉进行道歉。应于收到邮件当日回复客户，将回复内容粘贴在邮件下方，做电子版记录。

● 分公司将邮件投诉进行档案记录并与客户联系解决事故，与客户确认，并将处理结果以传真的形式上报总公司。

② 邮件投诉处理规定。

● 回复客户投诉必须在收到 E-mail 的第一时间进行。

● 分公司处理投诉，一定要与客户本人联系，根据投诉事件真相，按照相关规定进行合理、有效地处理。

● 分公司人员处理完毕后，务必将处理结果反馈给总公司，以备归档分析。

● E-mail 投诉所体现的业务问题，务必及时反馈给相关部门，给予解决，需要由相关责任部门在投诉档案上签字确认。

● 总公司将根据客户在网上投诉的内容对各分公司进行监控及考评，在月底对 E-mail 投诉涉及公司进行通报。

● 针对总公司传达的 E-mail 投诉，分公司若在指定的时间内未与客户联系并解决，导致客户再次投诉，总公司将对该分公司进行通报批评。

3. 处理客户投诉的步骤

（1）让客户发泄并真诚道歉。用心倾听和理解客户的感受，避免不了解情况就提出解决的方法。让客户尽情发泄不满的情绪，并真诚地说"对不起"。

（2）受理客户投诉。良好的心态是受理客户投诉的基础。客户不是永远都是对的，但客户永远都是第一位的。应该记住：改变不了客户，但能改变自己；改变不了事实，但可以改变态度；改变不了过去，但可以改变现在。在受理环节快速处理则是应对投诉处理的不二法则。要区分客户的类型。要迅速弄清楚投诉是否涉及理赔、法律问题等。要将客户的所有信息迅速过一遍，看看是否还有什么信息被忽略了，情况是否还需要进一步明确。要确认客户的要求，判断公司能做到什么程度，我的权力有多大，在权限范围内我能做什么，谁有权解决这件事。

（3）协商解决、处理问题。耐心地与客户沟通，取得客户的认同。快速、简捷地解决客户投诉，不让客户失望。

（4）答复客户。包括处理结果答复和升级处理答复。

（5）特事特办。如果客户仍不满意，征询客户的意见，进行特殊处理。

（6）跟踪服务。如通过电话、E-mail、信函、客户拜访等方式进行后续服务。

（二）物流客户投诉原因及处理

1. 导致客户投诉的原因

导致客户投诉的原因可以归纳为两种：结果不满和过程不满。

（1）结果不满。结果不满是指客户认为产品和服务没有达到他们预期的目的，未产生应有的利益或价值，如存在缺斤少两、送货延误、货物破损等情况。结果不满的关键特征是客户遭受了经济损失。

（2）过程不满。过程不满是指客户对在接受产品和服务的过程中感受的不满意，如服务员言行粗鲁无礼、环境恶劣、送货不及时、搬运粗暴、手续烦琐、电话无人接听等。过程不满的关键特征是最终的结果虽然符合要求，但客户在接受产品和服务的过程中感受到了精神伤害。

2. 物流客户投诉的处理

（1）物流客户投诉的分类处理。客户投诉的处理主要从产品质量类投诉和非产品质量类投诉两个方面来处理。

① 产品质量类投诉。质量是企业的生命线，关系到企业在激烈竞争中的生存死亡。涉及与物流企业有关的服务质量投诉，都物流企业应该特别重视。

② 非产品质量类投诉。非产品质量类投诉都是由内部管理和外部服务的漏洞引发的，如物品的数量不足、送货期限的延迟、单价不一、物品的编号和颜色不匹配、员工服务态度不当等原因引起的客户投诉。

（2）物流客户投诉的级别评定。物流客户投诉可以根据质量和非质量标准进行级别划分，见表5-5。

表 5-5　物流客户投诉的分类级别

级别	与产品质量有关的投诉	与产品质量无关的投诉
一般投诉	① 发生小故障 ② 给客户造成一定的经济损失	① 给客户带来不便 ② 引发一定的经济损失
特别投诉	① 由于产品性能发生大的故障，给客户带来巨大的经济损失 ② 出现人身危害的情况 ③ 存在发生大量故障的隐患	① 与法律法规相冲突 ② 引发大的经济损失 ③ 造成客户的强烈不满
其他投诉	客户的过度期望或错误认识引发	超出企业的承诺范围

3. 投诉处理时限要求

从业务的角度来看，物流客户的投诉类型分为晚点、破损、丢失、送错货及服务态度等方面的投诉。不同类型的投诉有不同的处理时限要求。

（1）晚点。接到投诉1小时内回复客户，2个工作日内将投诉处理完成。

（2）破损、丢失。未投保的货物1小时内回复客户，3个工作日内完成调查与处理。已投保的货物在资料准备齐全的情况下，7个工作日内收集资料完毕，等待理赔。特殊情况可先行赔付。

（3）送错货。接到投诉1小时内回复客户，2个工作日内解决，并完成全部的调货指令。

（4）质疑费用。接到投诉 1 小时内回复客户,1 个工作日内处理完毕。

（5）对服务不满意。接到投诉 1 小时内回复客户,2 个工作日内完成对责任部门和责任人的调查,当日交调查报告。

（6）其他。视情况确定解决时间。

4. 货物晚点、破损事件的前期处理方法

（1）一般投诉处理。在客户的投诉过程中,有时客户情绪非常激动,这时客户服务人员要稳定客户情绪,说些开导客户的话,耐心、仔细地听客户讲话。一要听完客户的讲话再做解释;二要表明自己非常理解他的难处。

听完客户的诉说后,先开导客户别着急,再尽快找到问题及其原因。

① 如能肯定自己的判断,就立即向客户解释,话语要婉转。

② 如需要查询一下才能答复客户,必须告知客户答复时间,让客户明确知道客服人员非常重视他的投诉,正在积极地解决他的麻烦。

③ 客服人员的态度是通过讲话语气传达给客户的,勇敢地承认错误,真诚地向客户道歉,能够使客户的激动情绪稳定下来,为解决问题打下良好的基础。

（2）货物晚到处理。当遇到客户投诉货物晚到时,客户服务人员要站在客户的立场,主动、积极地想办法,缓解客户的不良情绪。例如,遇客户参展货品晚到,建议客户参展的资料或礼品用其他物品代替;遇客户收货方晚收货,则应主动替客户向他的收货方做解释;客户货物晚到投诉后,客户服务人员要不停地追踪货物情况并与客户保持联系,切记要将准确的信息反馈给客户。

（3）破损处理。当接到货物破损投诉后,客户服务人员应立即查询工作单号和相关内容。例如,货物的品名、破损的情况及程度、委托方是零散客户还是长期客户、破损货物的外包装情况等。了解清楚是公司包装的,还是客户自己包装的,如果是客户自己包装的,向客户讲明,客户自行包装的货物,外包装未破损,货物破损,物流公司是不承担任何责任的。破损处理应采取如下措施。

① 在货场取货时,发现货物破损,让提货人向货场索取破损证明。

② 客户货物已签收,事后通知公司货物破损时,要根据具体情况调查清楚,同时报市场部服务督察。

③ 确认货物是否上了保险,如有保险应立即报市场部保险单负责人,并请客户准备货品的正式发票、货品的说明书等相关单据,以便尽快上报保险公司。

④ 若有条件可拍些照片。

（三）各类事故投诉处理语言标准及技巧

1. 晚点事故

● 您好,您的货物延迟到达确实是因为我公司的失误造成的,请您放心,公司会按照合同约定为您免运费并将货尽快送到您手上,对我们的失误向您表示歉意。

● ××先生/女士,您的货物未及时配上航班/铁路/物流,我们马上为您处理,并以最快的方式将您的货物送达客户处,您看还需要我们为您做些什么?

● 由于我公司的延误给您造成了不便,还被客户误解,真是万分抱歉,您看是否方便由我公司出面和您的客户做一下解释?

● 您好,您的货物由于下雪/车辆故障的原因未及时到达,这确实属于特殊情况,请您多多谅解,我们会尽快排除困难将货物送给您,您看还有什么能为您效劳的?

● ××先生/女士,实在不好意思,今天我们公司的派送量确实很大,我们已经多次催促司机了,请您再多等一会儿,好吗? 我来帮您再和司机沟通一下,尽快给您送过去,给您带来不便,我公司深表歉意。

● 您好,由于我公司的延误,给您造成了损失,我们会按照公司规定对您的运费做打折处理。对于我公司延误给您带来的不便,稍后我们将以真诚的书面致歉的方式传真到贵公司以表歉意,可以吗?

2. 破损事故

● 您好,您的货物损坏确实是由运输不当造成的,我公司会马上为您处理并将货物的赔偿金送到您的手里,给您带来的不便,我代表公司向您表示歉意。

● 您好,您的货物是签收后发现的问题,此种情况由于责任无法界定,故我公司无法作出赔偿,因为按照快运行业的规定,收货人正常签收后所有风险已经转移到收货人处。给您造成的不便请多多原谅,我建议您以后收货时务必当场查看包装情况并验货。

● ××先生/女士,您的货物由于已经投保,我们会及时收集货损资料及照片,为您的货物走保险程序索赔,同时也请您积极配合我们的工作,我们会和您保持联系。

● 您好,您的货物是自行包装的,在外包装完好的情况下内装货物破损,说明您的内包装不合格,通常我们是不予赔偿的。但公司仍然会从客户利益的角度考虑,并按照公司规定积极为您处理,尽量使您满意。

3. 丢失事故

● 您好,××先生/女士,您的货物确实是由于我公司操作不当丢失的,我们会马上对您的货物做赔偿处理,赔偿金会在××天内送到您的手上,对此造成的不便请多多原谅,如果还有什么需求请和我联系,我会尽力满足您的要求。

● ××先生/女士,您的货物是由于航空/铁路/零担第三方操作失误丢失的,我们会马上为您处理,及时取得丢失证明,为您的货物做赔偿处理/走保险程序。对于这种情况的发生我们深表歉意,我们会规范公司的服务,并希望下次为您提供更好的服务。

● ××先生/女士,对您所反映的货物部分丢失的现象,我公司一定马上为您处理,并对相关人员进行核查。我公司库房有 24 小时监控,所有车辆都是全程封闭管理。请您放心,我们一定会给您一个满意的答复。

● 您好,××先生/女士,首先对我公司的服务不到位向您表示歉意,您的货物是正常签收后发生的问题,由于责任无法界定,且风险已转移到收货人处,故不在我公司赔偿范围内,还请多多谅解。如有其他我能为您服务的请尽管说,我会很高兴再次为您服务,谢谢!

4. 服务态度方面的投诉

● 您好,××先生/女士,这确实是我们的服务不到位,您看我让另外一个受理人员联系您并受理您的业务好吗?

● 首先对我公司服务不到位的地方向您表示歉意,我们让司机重新为您派送货物好吗? 在这里我也向您补充一下我公司收货的相关规定,希望得到您的支持和谅解,也希望能为您下一次收货提供方便。

● ××先生/女士,我马上为您进行查询处理,如果确实像您说的那样,我们公司会满足您的要求并责令公司员工亲自向您道歉,对此造成的不便我在这里向您道歉,请多多包涵。

● 您好,××先生/女士,首先对您投诉的我公司人员服务不到位的事情向您表示歉意,我会马上查明情况,稍后亲自回复您。

二、活动安排

(一)活动内容

学生讨论遇到较难处理的客户投诉问题的解决方案。

任务案例背景如下:

某画家在印度尼西亚创作了"嫦娥四号"组画表达海外侨胞心向祖国的爱国之情,并交由某快递公司快递到北京。根据公司承诺的时限应在 11 月 22 日前送达,画家计划于 11 月 23 日与国家部委和航天集团举行捐赠仪式,但直到 11 月 24 日,在不断追查下作品才运到北京,计划全部被打乱。

画家可能会对发运延误事件做出如下的处理:① 通过法律部门解决、将此事向媒体曝光。② 找高层领导投诉。③ 已经在未有任何预警的情况下,将此事曝光给媒体,媒体记者将对公司人员进行电话采访或来公司进行采访。④ 要求赔偿间接损失。

(二)活动要求

(1)通过任务,熟练掌握客户投诉受理的流程和要求。

(2)通过任务,掌握各种较难处理的客户投诉问题的处理技巧。

(三)活动步骤

(1)把参与者分为 6 人一组,分别扮演画家和客户服务人员。

(2)请参与者按 6 人一组分区域坐好。

(3)每组分别讨论如何应对客户可能会做出的投诉方案,然后派代表模拟演示。

(4)教师及其他同学进行观摩,并对这组同学的表现进行点评。

(5)各组派代表交叉对其他组的演示进行评述。

(6)由教师做总结发言。

[说明]

本活动约需 40 分钟。

任务评价

见附录。

应用训练

(1)观看物流客户投诉案例视频,观察客户服务人员如何处理物流客户投诉,并记录处理过程,明确由于不同原因所引起的客户投诉处理的要点及处理的注意事项。

（2）到某合作企业的客服部进行实习，了解和收集物流企业在一段时间内客户投诉的案件及处理结果资料，加深对物流客户投诉处理流程及方法的理解和认识。

拓展提升

某物流企业的赔偿条款

您已知悉并同意，我公司是按托寄物的重量收费，并非按托寄物的价值、预期收益收费，本着公平合理的原则，双方遵守以下赔偿约定：

（1）若因我公司原因造成托寄物灭失、破损、短少的，将按以下标准赔偿：

若您未选择保价，则在七倍运费的限额内向您赔偿托寄物的实际损失，双方另有约定的按约定执行。如您认为该赔偿标准不足以弥补您的损失，应根据托寄物的实际价值选择等值保价服务。

若您已选择保价且支付保价费用，如托寄物足额保价，则破损、短少、灭失时我公司将按照实际损失金额向您赔偿，但最高不超过您托寄时保价的声明价值；如托寄物未足额保价，则按保价金额和实际损失的比例向您赔偿，即赔偿金额＝实际损失金额×保价金额/实际价值金额。

您基于托寄物可能获得的收益、实际用途、商业机会等任何间接损失，我公司不承担赔偿责任。

（2）声明价值：鉴于我公司无法评估托寄物的实际价值，当托寄物价值超过1 000元时，您应当在寄件时如实声明；如您未声明并保价，视为价值不超过1 000元。

（3）燕窝、虫草、人参、高价值酒品等自带原包装而我公司无法进行内包装固定的贵重物品，请您谨慎包装，如到件时托寄物外包装无损而内装物品损坏，我公司将不承担赔偿责任，请您慎重考虑寄递。

（4）延误的赔偿仅为免除本次服务费用（不含保价等附加费用）。

巩固提高

一、单项选择题

1. （　　）不是前台受理员的工作。

A. 主动了解客户的意图　　　　　　B. 积极为客户当好参谋

C. 提醒和督促发送部门将货物及时发出　　D. 安排货运

2. 长途货运业务的零散客户的运输费用应（　　）。

A. 先付运输费用的全款，或至少90%的预付款

B. 先付运输费用的全款，或至少80%的预付款

C. 先付运输费用的全款，或至少85%的预付款

D. 先付运输费用的全款，或至少95%的预付款

3. 有效电话沟通的关键是（　　）。

A. 注重倾听与理解、抱有同情心、建立亲和力

B. 接到责难或批评性的电话时，应委婉解说，并向其表示歉意或谢意

C. 注意正确性，将事项完整地交代清楚，以增加对方认同，不可敷衍了事

D. 听到电话铃声，应准确迅速地按下录音键，接听电话，必须在三声之内接听

4. 投诉受理人员应该具有包括熟练的专业技能、优雅的沟通表达技巧及(　　)等专业素质。

    A. 尊重为本,谦虚诚实　　　　　　　B. 思维敏捷,具备对客户的洞察力

    C. 强烈的集体荣誉感　　　　　　　　D. 独立的处理能力

5. 物流客服人员处理客户投诉的第一步是(　　)。

    A. 协商解决、处理问题　　　　　　　B. 积极沟通,收集信息

    C. 以积极的态度,真诚面对客户　　　D. 让客户发泄、真诚道歉

二、多项选择题

1. 属于危险品的有(　　　　　)。

    A. 易燃易爆物品　　　　　　　　　　B. 有毒性物品

    C. 强酸碱性物品　　　　　　　　　　D. 放射性物品

2. 物流客户订单查询的主要方式有(　　　　　)。

    A. 电话查询　　　　　　　　　　　　B. 现场查询

    C. 网上查询　　　　　　　　　　　　D. 传真查询

3. 客户投诉的方式主要包括(　　　　　)。

    A. 电话投诉　　　　　　　　　　　　B. 到政府机关上访

    C. 当面口头投诉　　　　　　　　　　D. 书面投诉

4. 服务事故的常用处理方法有(　　　)等。

    A. 致歉函　　　　　　　　　　　　　B. 依约赔偿

    C. 保险赔偿　　　　　　　　　　　　D. 代位求偿

5. 服务事故按事故性质不同划分,可以分为(　　　　　)。

    A. 特大事故　　　　　　　　　　　　B. 晚点

    C. 破损　　　　　　　　　　　　　　D. 丢失

三、判断题

(　　)1. "门到门"就是承诺客户以公路运输的方式从委托方取货按时送到收货方手中。

(　　)2. 泡货又称为轻货,是指体积大于实际重量的货物。

(　　)3. 接到责难或批评性的电话时,应委婉解说,并向其表示歉意或谢意,但有时也要据理力争。

(　　)4. 任何一个组织,包括企业、政府机关、非营利机构,只要提供产品或服务,都有可能遇到投诉。

(　　)5. 当企业面对危机时,应该以企业利益为重,迅速作出适当反应,采取补救措施,并主动地、有意识地以该事件为契机,变坏事为好事,因势利导。

四、简答题

1. 前台受理员的主要工作职责有哪些?

2. 投诉受理人员应该具有哪些基本素质和态度?

3. 简答物流服务事故的含义及种类。

4. 物流客户服务事故常用的处理方法有哪些?

参考答案

109

项目六　维护客户关系与客户关系管理系统

项目目标

1. 了解物流企业客户的需求。
2. 能够与物流客户保持良好关系。
3. 认识到客户回访的重要性。
4. 熟悉各种拜访客户的方式。
5. 掌握客户关系管理系统的内涵和功能、作用。
6. 能够熟练操作客户关系管理系统。

任务一　探寻客户需求

任务描述

经过一段时间的学习与实训,李均和王武钢两位同学深刻地意识到,物流企业只有准确地定位客户的现有需求,不断挖掘客户新需求才能提升业绩,与客户保持良好的合作关系。那么,到底什么是物流客户的需求呢? 他们带着问题走进课堂寻求答案。

任务目标

1. 了解物流企业客户的需求。
2. 能够与物流客户保持良好关系。

任务实施

一、知识准备

（一）物流企业客户需求

1. 客户需求

客户需求是指客户的目标、需要、愿望以及期望。

2. 典型行业项目客户的基本需求特点

（1）医药类货物。

① 货物价值较高,对货物的安全需求较高,要重点洽谈保险条款。

② 货物基本采用原厂包装,在运输过程中不允许出现变形、污渍等现象。要给予充分的重视。

③ 部分药厂以签单作为货款回收依据,因此要求公司提供签单返回作业,在承诺时要慎重。

④ 结款周期普遍偏长,合同中应明确结款日期。

(2)通信类货物。

① 货物价值较高,安全性需求较高,应明确保险条款或赔偿办法。

② 原厂包装,要求防潮防雨。

③ 一般会有仓储需求,并需提供包装箱条码,管理要求高。

④ 大部分手机代理商会用库存手机向银行进行抵押或者担保以获得流动资金,在签订第三方担保合同时务必慎重。

⑤ 通信市场变化极快,对运输时限要求很高。

(3)电子类货物。

① 货物价值较高,需明确保险及赔付条款。

② 货物怕震,对包装技术要求高,常会使用防震板、木箱、木格等包装方式及发泡、悬空、真空等包装技术避免货损。

(4)服饰类货物。

① 品牌产品多,价值较高,要洽谈保险,明确赔付条款。

② 货物多属泡货,在报价时需要明确计方式。

③ 货物的原包装多直接用于销售,不允许有污损,应保证外包装完好。

(5)广告类货物。

① 货物多为宣传品或者小礼品,但多数需要进行批量分拣。在报价时需将分拣等费用考虑进去。

② 对于时限要求极高,多为巡展和活动用品,应严防晚点。

③ 多以项目操作形式为主,业务完成后务必及时跟踪结款,加速回款。

(二)与客户保持良好关系

1. 打造客户忠诚度

有效地管理、分阶段地满足客户需求,使客户始终对企业保持着新鲜感和认同感。将客户服务工作从简单的满足客户需求提高到打造客户的忠诚度,使客户为企业创造最大的效益。

(1)理解客户需求规律。每个项目经理和客户服务人员都应该清楚地认识到,客户的物流需求是有规律的。对于客户而言,安全、准确地将货物送达到收货人手中本是基本需求,当这一需求得以满足的时候,客户会提出其他的个性化附加服务需求。客户服务人员要充分了解客户,在发现并评估新出现的需要时,要将客户所有的需求排序。同时,明确客户购买本公司物流服务的关键需求,这一需求是务必予以保障的,在此基础上,分阶段地满足客户其他需求。

(2)把握、了解客户需求的渠道。与客户每次沟通都是了解客户需求的有效渠道。

要重视在与客户每次对话过程中发现客户需要的重要性。一位成熟的客户服务人员会在每次与客户沟通前,整理沟通所需要达成的主要目标。例如,本次沟通要了解客户对于安全性的认知、对于时间性的要求,在哪些城市本公司目前的运营能力和客户要求有差距,要得到客户的理解,等等。目标明确后要选择以例证的方式来引导客户。同业内的运作经验是客户比较看重的,以此为切入点比较容易获得客户的认同。

关注客户的产品和客户相关信息也是获得客户需求的重要资源。同时客户与其他竞争对手的合作过程或拟合作意向都是有效把握客户需求的渠道。

(3)打造客户的认同感。对于由于物流知识相对欠缺而对需求认识模糊的客户,要有开发客户需求的意识。开发客户的需求必须做到以下几点:明确开发需求的目的;选择影响问题的例子;找出合适的问题,来发现客户的问题引发的反应;向解决方案迈进。

利用自己的专业物流运作经验来告诉客户,应该如何做才能解决目前存在的问题。在这样的情况下,客户服务人员承诺的适度显得尤为重要。不要因为客户的物流知识相对欠缺而沾沾自喜,以防使客户产生不满情绪,而应花费时间帮助客户找出问题的潜在影响价值。

(4)打造客户忠诚度。深入了解客户的需求是为满足需求、解决问题奠定基础,在提出了有效的解决方案后,客户服务人员要学会将解决方案变成可执行的规定,通过对公司内部的协调整改,使解决方案的作用得以发挥,从真正的意义上为客户排忧解难。

认识到客户需求的周期性和阶段性,每位客服人员会周期性地面对客户需求问题,如果能够通过以上方法给予支持和解决,客户的忠诚度也就会顺理成章地建立了。

2. 适度承诺

适度承诺是指根据公司的运营服务能力,针对客户的需求进行适度的回复,以有效的需求管理打造客户忠诚度。

巧降客户
事前期望 1

巧降客户
事前期望 2

(1)做好客户的需求分析。在与客户谈判的过程中,客户提出的需求是有主次之分的,应有效地分析客户需求,对于一些非重点且操作难度大的,可以不予承诺,而对于客户的核心需求应该尽力地通过对运营的分析和调整予以满足。

(2)应把握承诺的原则。承诺时一定要确保"有诺必达"的原则,慎重考虑,不轻易许诺。在承诺客户需求的时候要考虑的因素有:航班情况、铁路能力、市内物流班车时刻、各支线班车、货物的实际情况和操作难易程度,对方网络的实际操作能力、天气、道路状况、提货能力等。

3. 具体措施

(1)经常与客户面谈、通电话、发送电子邮件,保持良好的沟通。

(2)客户服务人员实行对特定客户访问和所有客户巡回访问相结合的回访制度,充分了解客户的需求。

(3)积极地向客户提供有用的行业信息和政府信息。

(4)耐心地处理客户的异议。

(5)及时向客户推送企业的优惠促销信息。

(6)邀请重要客户参加公司举办的优秀客户服务人员奖励会,并根据实际情况请客户给予颁奖。

(7)每年召开一次客户服务会议,邀请代表客户参观本企业,增进对企业的了解。

（8）国家法定节假日期间向客户表达祝福，并且可以考虑赠送具有本公司特色的小礼品。

二、活动安排

（一）活动内容

根据某物流公司的客户资料，对这些客户的需求进行分类，并且提出管理这些需求的对策。

任务案例背景如下：某物流公司的客户是某大型商业连锁店，物流中心负责为该大型连锁店的门店配送商品。通过一段时间的运营，物流中心基本能够满足客户的需求，但也存在一些问题，客户有一些抱怨和意见。为此，物流中心对连锁门店的需求进行统计分析后，结合理论对照实际工作分析出需要改进和完善之处，并制订相应的措施来提高服务水平。

（二）活动要求

（1）通过任务，熟练掌握对物流企业客户进行分类的方法。

（2）通过任务，能够正确提出对于物流企业不同客户需求的管理对策。

（三）活动步骤

（1）请参与者按6人一组分区域坐好。

（2）分组讨论分析该物流公司的客户需求及管理对策，并列表说明。

（3）各组派代表说明，教师及其他同学进行观摩，并对这组同学的表现进行点评。

（4）各组派代表交叉对其他组的演示进行评述。

（5）由教师作总结发言，强调理解以下几点。

① 客户服务涉及公司的许多部门。

② 对物流企业来说，客户服务有四个重要影响因素：时间、可靠性、沟通和方便。

③ 大型连锁门店是物流中心的重要客户，对大型连锁门店的需求进行分析整理，才能提高客户的满意度。

［说明］

本活动约需40分钟。

任务评价

见附录。

应用训练

（1）查找某物流公司的客户资料，对这些客户的需求进行分类，并且提出管理这些需求的对策。

（2）搜集部分知名物流企业维护与客户良好关系的具体做法，认真学习并体会。

拓展提升

如何对物流客户进行需求管理

经常与客户进行沟通的人员会有这样的感觉：客户的需求是在不断膨胀的，有时候其需求甚至超出了公司所能满足的范畴。那么，产生这种现象的原因是什么呢？

（1）签订合约的时候，项目范围描述不清楚。这是最常见的问题之一，也正是因为早期的这些问题没有引起项目组的足够重视，才导致后期项目无穷无尽的修改。

（2）客户和项目组对形成纸面文件的需求理解不一致。这种情况也较常见，虽然客户已经确认了项目组提交的项目范围说明书，但在实际执行的过程中，客户往往提出这样那样的疑问，项目组的人员经过沟通后才发现，同一件事情，客户的认知和项目组的认知是不同的。

（3）客户总有"希望一次性解决问题"的想法，但是在实际的执行过程中，需求的满足是需要一个认知过程的，在执行过程中需要进行分类调整。所以，必须善于引导客户按轻重缓急的标准逐步解决问题。

（4）项目组人员总是无条件地迁就客户，对客户有求必应。这种做法的出发点是好的，目的是使客户完全满意，但实际上这种做法不一定能达到目的。客户的需求有时是无底洞，这样做往往也会给整个项目带来很多负面影响。

任务二　维护客户关系

任务描述

李均和王武钢两位同学，经过前一个任务的学习，学会了准确分析不同类型企业客户的需求，并在此基础上掌握了与客户保持良好关系的方法和途径。但是，他们经过探讨一致认为，在做好客户关系维护工作之后，需要客户服务人员进一步挖掘客户的需求潜力，拓展客户的需求。那么，到底如何挖掘客户潜力，与客户进行深度、有效的沟通呢？

任务目标

1. 认识到客户回访的重要性。
2. 熟悉各种拜访客户的方式。

任务实施

一、知识准备

（一）通过合理的分工满足客户的新需求

通过及时向客户提供公司新的服务项目，让客户感觉到他们是第一受益者；通过现代信息技术分析客户差异，把握客户需求的特征和行为爱好；建立完整、系统的客户数据库，提高企业的服务质量。

客户维护专员定期拜访客户，反馈客户的新需求，了解新需求涉及的业务范围和部门。将新需求中的报价问题提交营销部门核算，并由客户服务人员与客户协商确定；将需求中的服务问题提交业务部门，业务部门出具新的业务保障方案，由客户服务人员与客户沟通并执行；将价格调整和返佣问题提交客户服务部门领导审批，并由客户服务人员进行沟通协调。

以上任何新需求的提交及后续落实分工必须落实到专门的人员身上，由专人负责跟进执行。

（二）客户需求的"二次开发"

因各种原因已停止与公司合作的客户均适用客户需求的"二次开发"。

因公司以前服务质量不够好导致停止合作的客户，重新开发重点落在新业务技术应用及信息技术的提升方面。并拿出以前与现在水平的数字进行比较，使客户能够了解现在的公司服务水平；因以前维护不足导致停止合作的客户，可从现在的维护与管理结构变化介绍起。所有的开发，都应先弄清楚客户最希望得到什么，对症下药对客户进行"二次开发"。

（三）客户回访创造客户价值

客户回访是客户服务的重要内容，做好客户回访是提升客户满意度的重要方法。对于重复消费的产品企业来讲，通过客户回访不仅可以得到客户的认同，还可以创造客户价值。我们对很多企业的客户回访进行分析后，得到的结论是客户回访不会只产生成本，充分利用客户回访技巧，特别是利用 CRM 来加强客户回访会得到意想不到的效果。

客户回访的过程中有以下几个问题比较重要：

1. 注重客户的细分工作

在客户回访之前，要对客户进行细分。客户细分的方法很多，公司可以根据自己的具体情况进行划分。客户细分完成以后，对不同类别的客户制订不同的服务策略。例如，有的公司把要回访的客户划分为高效客户（市值较大）、高贡献客户（成交量比较大）、一般客户、休眠客户等；有的公司从客户购买产品的周期角度判断客户的价值类别，如高价值（月）、一般价值（季度/半年）、低价值（一年以上）；对客户进行细分也可以按照客户的来源分类，如定义客户的来源包括自主开发、广告宣传、老客户推荐等；也可将客户按其属性划分类型，如合作伙伴、供应商、直接客户等；还可以按客户的地域进行分类，如国外、国内，再按省级行政区分，如山东、北京、上海等，再往下可以按地区或者城市分；也可以按客户拥有者的关系进行管理，如公司的客户、某个业务员的客户等。

客户回访前，一定要对客户作出详细的分类，并针对不同类型采用不同的服务方法，提高客户服务的效率。总而言之，回访就是为提供更好的客户服务而服务的。

2. 明确客户需求

确定客户的类别以后，明确客户的需求才能更好地满足客户。特别是最好在客户需要找客服人员之前进行客户回访，才更能体现对客户的关怀，让客户感动。

很多公司都有定期回访制度，这不仅可以直接了解产品或服务的应用情况，而且可以了解和累积产品或服务在应用过程中的问题。回访的目的是了解客户对产品或服务的感受,对公司有什么想法,继续合作的可能性有多大。回访的意义是要体现公司的服务,维护好老客户,了解客户想什么,需要什么。实际上公司需要客户的配合,来提高公司的服务能力,这样公司才会发展得越来越好。

一般在客户使用产品或服务遇到问题时、客户想再次购买时是客户回访的最佳时机。如果能掌握这些信息,及时联系需要帮助的客户,提供相应的支持,将大大提升客户的满意度。

3. 确定合适的客户回访方式

客户回访有电话回访、电子邮件回访、信函回访及当面回访等不同形式。从实际的操作效果看,电话回访结合当面回访是最有效的方式。

按销售周期分类,回访可分为以下几种:

(1)定期做回访。这样可以让客户感觉到公司的诚信与负责任。定期回访的时间要合理。例如以产品销售出一周、一个月、三个月、六个月等为时间段进行定期的电话回访。

(2)提供售后服务之后的回访。这种回访可以让客户感受到公司的专业化。特别是在回访时发现了问题,一定要及时给予解决。最好在当天或者第二天到现场进行问题处理,将客户的抱怨消灭在最小的范围内。

(3)节日回访。就是在平时的一些节日回访客户,同时送上一些祝福的话语,以此加深与客户的联系。这样不仅可以起到亲和作用,还可以让客户产生一些优越感。

4. 抓住客户回访的机会

在客户回访过程中要了解客户对公司的物流服务是否满意,如果不满意,要找出问题的根源;倾听客户对公司的建议;有效处理回访资料,从而改进工作,改进服务;准备好对已回访客户的二次回访。通过客户回访不仅可以解决问题,而且可以提升公司形象,加深与客户之间的关系。

5. 利用客户回访促进重复销售或交叉销售

最好的客户回访是通过提供超出客户期望的服务来提高客户对企业的美誉度和忠诚度,从而创造新的销售可能。对客户的关怀是持之以恒的,销售也是持之以恒的,通过客户回访等售后关怀来让物流服务增值,借助老客户的口碑来促进新的销售增长,这是客户开发成本最低也是最有效的方式之一。研究发现,开发一个新客户的成本大约是维护一个老客户成本的 6 倍,可见维护老客户是何等重要。

企业建立客户回访制度,很重要的方法就是建立和运用数据库系统,如利用客户关系管理(CRM)中的客户服务系统来完成回访的管理。将所有客户的资料输入数据库,如果可能,还要尽量想办法收集未成交客户的资料,并进行归类。无论是成交客户还是未成交客户,都需要回访,这是提高业绩的捷径。制订回访计划,即何时对何类客户作何回访以及回访的次数,其中的核心是"作何回访"。不断地更新数据库,并详细地记录回访内容,如此循环便使客户回访制度化。日积月累的客户回访将使公司的销售业绩得以提升。

6. 正确对待客户抱怨

在客户回访的过程中遇到客户抱怨是很正常的,应正确对待客户抱怨,不仅要平息客户的抱怨,更要了解产生抱怨的原因,把被动转化为主动。建议公司在服务部门设立意见收集中心,收集更多的客户抱怨,并对抱怨进行分类。通过解决客户抱怨,可以总结服务过程,提升服务能力。

客户回访是客户服务的重要一环,重视客户回访,充分利用各种回访技巧,满足客户的同时创造价值。

（四）登门拜访客户

1. 总体目标

当我们出现服务失误,给客户带来不便及损失时,可以通过登门拜访来表示公司真诚的歉意,让客户感觉公司的重视程度,提高投诉及索赔的处理效率,化解危机,避免出现进一步的矛盾升级或公关危机。

通过对客户的登门拜访,还可以深入了解客户的需求,获得新一手资料,为客户提供解决建议和方案,从而树立公司良好的信誉度,以期重新赢得客户对公司的信心。

2. 需要登门拜访的情况

（1）严重服务失误,给客户造成重大损失。

（2）客户对于出现破损、丢失等严重问题的货物提出索赔,且索赔金额超过公司的标准。

（3）可能引起矛盾进一步升级或公关危机的客户投诉。

（4）客户对公司服务态度、服务质量等方面,提出强烈的不满和投诉,需要公司尽快采取行动,有效进行解决。

（5）定期进行客户例行拜访。

3. 登门拜访客户前期准备工作

（1）了解具体情况（投诉的详细经过、近期合作情况等）。

（2）明白客户现在的要求及持有的态度。

（3）明确公司所持有的态度及初步解决的方案。

（4）其他注意事项。例如操作上事宜较多,可与操作负责人一起前往。

4. 拜访沟通

（1）向客户表示问候,对于操作上的失误诚恳地表示歉意,取得客户的谅解。

（2）根据拟定的解决意见与客户协商,并与客户确定操作整改内容、负责人及落实时间,使客户恢复对公司的信任。

（3）了解客户近期动态及竞争对手操作优势,以便作出业务调整,获得更多的合作机会。

（4）向客户表示感谢,将此次投诉或业务拜访转化为与客户增进感情的会面。

5. 拜访后细节处理

（1）整理会议记录,并通过邮件及公司内部信息平台发送给客户及公司内部相关人员,以便将拜访中达成的共识进一步落实。

（2）将拜访内容录入 CRM 系统,整理归档。

（五）电话拜访客户

1. 总体目标

（1）通过对重要客户的电话拜访,了解客户需求的第一手材料。

（2）针对客户提出的意见和建议,从客户服务的专业角度,积极寻求改进方案。

（3）与重要客户建立积极融洽的合作关系,提高客户保有率。

2．拜访要求

（1）拜访频率。对重要客户宜以周为单位对客户进行拜访；对终端客户可以月为单位进行拜访。

（2）拜访数量。对拜访客户的数量不设具体要求，但需保证每半年每个客户（包括终端客户）至少电话拜访一次。

（3）拜访时间。电话拜访时间应控制在 20 分钟以内，可根据客户特点进行适当调整。

（4）拜访礼仪。讲究拜访礼仪，按时致电，语调积极，礼貌用语。

3．拜访的重要阶段

（1）准备阶段。

① 选定拜访客户。符合以下条件的客户要优先选择：近期出现服务事故的客户、满意度调查时对公司表示不满的客户、较长时间没有联系的客户、新开发试运作客户。

② 收集相关资料。需要收集基本客户信息，包括联系人、电话、客户近期合作情况等。收集相关资料内容见表 6-1。

表 6-1　收集相关资料内容

类型	信息内容（包括但不限于）
近期出现服务事故的客户	客户遭遇的服务事故类型； 解决情况； 索赔情况； 公司目前能提供的解决方案及客户如何操作能避免相关问题的建议
满意度调查时对公司表示不满的客户	客户表示不满的内容； 问题根源； 与相关部门沟通后的解决方案
较长时间没有联系的客户	客户与公司人员联系不够紧密的原因（如是否因货量减少、对投诉处理结果不满意等）； 该客户最近的合作情况
新开发试运作客户	此项目的实施情况，实施过程中的相关问题； 公司此项目其他相关人员对该项目实施情况的评价，有无调整相关操作的需要

（2）实施阶段。实施阶段可分为首次致电和正式致电开始拜访。

首次致电需要完成的工作包括以下两方面。

① 电话接通后礼貌地作自我介绍。

② 询问客户是否愿意接受电话拜访，若客户同意，约定具体拜访时间（或根据客户要求，马上进入拜访），同时告知客户拜访所需要的大致时间及主要内容；若客户不同意，则询问缘由。对于不愿意被打扰的客户，礼貌结束通话；对于近期没有时间的客户，可约定下次致电询问时间。

正式致电开始拜访时，首先要用简洁的语言做自我介绍，并向客户接受拜访表示感谢；然后说明拜访事由，并用婉转的语气表示希望得到客户的配合与帮助；在得到客户回应后再就所希望收集的信息与客户进行电话交谈。拜访结束,不要忘记再一次向客户表示感谢。

（3）跟进阶段。

此阶段的工作内容包括:与相关部门联络解决问题,再次致电客户告知落实结果,填写拜访报告。

（六）商务信函回访

1. 商务信函格式

写作商务信函并不要求使用华丽优美的词句,只需用简单朴实的语言,准确地表达自己的意思,让对方可以非常清楚地了解你想说什么。对客户服务人员而言,写一封得体、明确的信,不仅要熟悉书信内容所涉及的业务或相关背景,还应了解中外书信的基本规范。按现在通行的习惯,商务信函格式主要包括五个部分:称呼、正文、结尾、署名和日期。具体内容如下。

（1）称呼。称呼也称"起首语",是对收信人的称呼。称呼要在信纸第一行顶格写起,后加":",冒号后不再写字,称呼和署名要对应,明确自己和收信人的关系。称呼可用姓名、称谓,还可加修饰语或直接用修饰语称呼。通常商务信函适用的称呼有:姓氏加称谓词,如"王先生""刘同志"等,这类称呼显得较为自然;姓氏加职衔,如"王经理""韩主任"等,这类称呼多用于关系一般的交往双方,也显得很正式;姓氏加职业,如"耿老师""田律师""佟工程师"等。

如果信是同时写给两个人的,两个称呼应上下并排在一起,也可一前一后,尊长者在前。有时还可按特殊对象,视情况加上"尊敬的""敬爱的""亲爱的"等形容词,以表示尊重或亲密之情。当然,还要用得适宜,如对好友称"尊敬的",反而显得见外;对无特殊关系的青年女性贸然称呼"亲爱的",那就有失检点了。

（2）正文。正文是书信的主体,是书信能否达到写信人理想效果的关键。一封信可以专说一件事,也可以兼说数件事,但公务书信应该一文一事。正文要清楚、明了、简洁,并注意情感分寸,不应有昵亵轻狂之嫌,也不可显污蔑轻慢之意。

正文通常以问候语开头。问候是一种文明礼貌行为,体现写信人对收信人的尊重。问候语最常见的是"您好!""近好!"依时令节气不同,也常有所变化,如"新年好!""春节愉快!"问候语写在称呼下一行,前面空两格,常自成一段。问候语之后,常有几句起始语。如"久未见面,别来无恙。""近来一切可好?""久未通信,甚念!"之类。问候语要注意简洁、得体。

正文结束时,可写几句酬应性的话作为全文的过渡。如"我方相信,经过此次合作,双方的友谊将会有进一步发展",又如"再次表示衷心的感谢"或"代向贵公司其他同志问候"等。也有用公务书信的常用结语过渡,如"特此函达""特此说明""特此重申""特此函询""特此致歉"或"肃此专呈""肃此奉达",也有"特此鸣谢""敬请谅解""务请函复""至希见谅"以及"承蒙惠允""承蒙协办""承蒙惠示""不胜荣幸""不胜感激"等。

（3）结尾。正文写完后,都要写上表示敬意、祝愿或勉励的话,作为书信的结尾。习惯上,应写祝颂语或致敬语,这是对收信人的一种礼貌。祝愿的话可因人、因具体情况选用适当的词,不要乱用。结尾的习惯写法有如下两种。

① 在正文写完之后,紧接着写"此致",转一行顶格或空两格写"敬礼"。

② 不写"此致",只是另起一行空两格写"敬礼""安好""健康""平安"等词,一定要另起一行空两格,不得尾缀在正文之后。也可以在正文结尾处另起一行写"祝你""敬祝",再空两格写上"安好""健康"等。

(4) 署名和日期。在书信最后一行,署上写信人的姓名,署名应写在正文结尾后的右方空半行的地方。商务信函一定要把姓与名全部写上。而在署名之后,有时还视情况加上"恭呈""谨上"等,以示尊敬。上述自称,都要和信首的称谓相互吻合。

日期一项,用以注明写完信的时间,写在署名之后或下边。有时写信人还加上自己所在的地点,尤其是旅途中写的信,更应如此。下面是商务信函的一个简单格式。

敬爱的××(或亲爱的、尊敬的等):

　　您好!

　　(正文)

　　　　此致
敬礼!

　　　　　　　　　　　　　　　　　　　　　　　　姓名
　　　　　　　　　　　　　　　　　　　　　　　　日期

2. 商务信函的规范

(1) 字迹端正清晰,易于辨认。不写错别字,不写错句。单字不成行,单行不成页。

(2) 写信用纸。最好使用公司的信纸,这样让对方感到很正式,也会对公司产生一个好的印象。一页纸上至少有1/3是话语长度跨两行以上的,不宜满页尽是长度不跨行的短句。

(3) 礼仪性的贺信、邀请书等不宜太长,但不能少于100字,书写时亦应注意在整页纸上的布局合理,不能一页大纸上就两行小字,这既不美观,也缺乏诚意。

(4) 不可用红墨水笔、红圆珠笔或铅笔写信。

(5) 对境外华语地区通信,要兼顾当地汉语书信的表达习惯。

(6) 信笺折叠应是文字面朝外,收件人称呼朝外。信笺折叠宜简单地横竖对折,不宜折成燕子状、花瓣状,这种折叠法不宜用于商务信件,会影响商务信件的严肃性。

(7) 信封使用要按国家邮政总局的有关规定,不可随意印制或改制。信封书写也应按我国邮政总局规定的规范。收件人姓名后可用"钧启""公启""安启""亲启"等,但若为明信片,则应用"收"字,明信片的寄件人后也不能写"缄"而应写"寄"。

(8) 邮资要付足,不要寄欠资信,以免因退回补足邮资而造成时间上的延误。邮票贴法要规范,但勿与地址太近,以免盖邮戳时将门牌号码遮住,造成投递麻烦。邮资总付的信件,要与邮局相关部门妥善交接。航空信的标签要明显。

3. 商务信函回访流程

(1) 事前准备。

① 确定要回访的客户及其资料。

② 确定回访方案。

（2）实施回访。

① 撰写商务信函。

② 邮寄商务信函。

③ 接受商务回函。

（3）统计及分析商务回函。

（4）撰写总结报告。

（七）电子邮件回访

电子邮件回访一般以回访表的形式进行。表6-2为某物流公司回访表。

尊敬的客户：

　　您好！

　　如果您刚刚在我公司办理完物流业务，请您在百忙之中抽时间填写此表，您的意见和建议对改进我公司今后的工作和服务具有十分重要的意义，非常感谢您的配合。填好表后请您尽快用 E-mail 发至××2006@ sina. com。

　　此致

敬礼！

姓　名

日　期

表6-2　客户回访表

贵公司名称	
贵公司联系方式	
在我公司进行物流业务的时间	
具体业务名称	
相关费用	

1. 您认为我公司承担的物流业务是否达到预期目标

A. 是	B. 否	C. 说不清楚	

2. 您认为此次物流业务对您公司及您是否有帮助

A. 是	B. 否	C. 说不清楚	

3. 您对我公司的服务是否满意

A. 不满意	B. 满意	C. 一般	D. 非常满意

4. 您对我公司的物流业务处理流程满意程度

A. 不满意	B. 满意	C. 一般	D. 非常满意

5. 您对我公司的物流客户服务的满意程度

A. 不满意	B. 满意	C. 一般	D. 非常满意

6. 在工作过程中,我公司的业务人员和客服人员是否精神饱满、具有专业水平			
A. 否	B. 一般	C. 好	D. 非常好

7. 您公司是否还有其他物流业务需求		
A. 是	B. 否	C. 不清楚

8. 您希望我公司在哪方面进行改进			
A. 服务质量	B. 业务处理质量	C. 价格	D. 服务态度

二、活动安排

（一）活动内容

组织学生对某物流公司客户回访项目进行方案设计。

（二）活动要求

(1) 通过任务,能够制订客户回访提纲。
(2) 通过任务,能够根据回访计划实施回访方案。

（三）活动步骤

(1) 各组成立自己的物流公司,准备物流客户资料库。
(2) 各组确定回访计划(回访目的、时间、地点、注意事项,回访方式等)。
(3) 各组制订回访提纲,把回访注意的问题进行分类、细分。
(4) 各组实施回访方案,填写客户回访记录表(见表6-3)。

表 6-3　客户回访记录表

客户名称	拜访时间	客户人员的职位和姓名	我公司拜访人员	拜访的目的	交流内容及达成的共识	跟进负责人及后续跟进情况

(5) 各组撰写回访报告和总结。
(6) 派代表总结说明,教师及其他同学进行观摩,并对这组同学的表现进行点评。
(7) 由教师作总结发言。
[说明]
本活动约需40分钟。

[注意]

作为一名企业员工,不但要知道企业的规章制度,对企业所提供的各项服务产品也应该如数家珍。客户服务最好的实践会帮助我们少走弯路,并成为我们工作的习惯。这种习惯不会因转换岗位而消失。

任务评价

见附录。

应用训练

(1)教师播放物流配送中心电话回访客户案例视频,观察并记录客户服务人员都提出了哪些问题请客户回答,总结回访的目的。

(2)给出某物流企业的客户需求案例,运用所学知识对客户需求进行二次开发,并说明理由。

拓展提升

服务满意度连续九年第一,顺丰怎么做到的?

顺丰的服务质量有目共睹。2017年快递服务满意度调查显示,顺丰在"快递企业总体满意度"评比中排名第一;服务实现准时率测试中,顺丰在全程时限、寄出地处理时限等5项指标测试中排名第一;同期,月均申诉率仅为1.56件/百万件,远低于全国5.79件/百万件的平均水平……

面对这样的数据,人们不禁要问,顺丰的优质服务到底有什么秘诀? 在从被动处理投诉到主动预防投诉的过程中,他们又做了怎样的努力?

1. 强化客服建设,聚焦热点问题

在营造良好消费体验的过程中,客服是重要的一环。顺丰一直秉承"客户为先"的理念,建立了一套客户服务体系,可以为客户提供多样化的沟通渠道以及智能化、差异化的服务标准。

资料显示,截至2017年年底,顺丰在国内设立6个独立呼叫中心,约5 200个座席,每天提供100万人次的话务服务。此外,95338交互式语音应答系统、官网、大客户发件系统、会员系统、App手机客户端、微信公众号、在线客服等多种沟通渠道,还能为客户提供7×24自助服务。

2. 加大科技应用,推广智能服务

营造良好的服务体验,只靠客服建设远远不够,在互联网时代,智能科技是提升服务的一大"神器"。顺丰一直提倡科技引领未来,建立了专门的团队、开发相关系统,对快件寄递全流程、问题解决全流程进行把控。通过科技与人员相结合的管理模式,找到并解决问题。

顺丰在智能客服方面作出了不少努力,研发智能外呼、ASR智能语音应答、OCR图片识别、大数据分析和应用等智能客户服务技术。

3. 部门协同参与,服务体系常态化

"自成立以来,顺丰一直注重客户服务体验,自主经营模式有助于全面提升团队的管理能力和服务水平。"顺丰方面表示,在运营方面,统一的执行标准,可实现全网资源的统一调度、灵活调配。而这也为跨部门联动、协调解决服务痛点提供了条件。

在遇到问题时,顺丰质量管理部门负责牵头,通过会议邀请、项目立项、联动会等方式,联动产品、营运、客服、IT、质量管理等部门共同参与、共同解决。

比处理单个问题更重要的,是常态化服务体系的建立。目前,顺丰相关体系建立包括三方面。一是提前预防。通过流程、系统、人员等资源全面协同融合,同步建立全流程体验管理机制,精准识别客户需求,推动服务短板改善。二是事中介入。构建服务预警机制、针对各环节异常,及时主动介入管理。三是事后补救。通过全流程检视服务痛点,主动回访客户,各职能联动,通过建立专项改善小组,对事后问题进行改善,形成闭环。

任务三　玩转客户关系管理系统

任务描述

李均和王武钢两位同学经过前面对客户服务档案、报表的学习,了解到,原有的客户服务系统功能在很大程度上是基于对客户服务信息的整理、汇集、分析之后实现的。但事实上,随着企业规模的扩大,其数据量急速增长,这项工作已经不是简单的人工能顺利完成的,更何况大量数据的来源跨多个部门,随着其数量的增加,收集难度也是呈几何级数增长的。在这种情况下,虽然客户服务使用了如电子表格等简单的信息化辅助工具,甚至采用了一些企业资源计划(ERP)管理系统,但也很难同时解决数据量增大和面向客户的部门协同运作的问题。他们思考:有没有一种信息化工具或手段能够解决这个问题呢?他们请教老师,寻求答案。

任务目标

1. 能够描述客户关系管理的内涵、功能和作用。
2. 学会操作客户关系管理软件。

任务实施

一、知识准备

(一) 认识客户关系管理系统

1. 客户关系管理的内涵

客户关系管理(customer relationship management,简称 CRM)是企业以客户关系为重点,通过开展系统化的研究,不断改进与客户相关的全部业务流程,使用先进的技术优化管理,提高客户满意度和忠诚度,实现电子化、自动化运营目标,提高企业的效益和效率的过程。

客户关系管理系统是一个前台系统,它包括市场、销售和服务三大领域,是一种以客户为中心的经营策略,它是以信息技术为手段,对相关业务功能进行重新设计,并对相关工作流程进行重组,以达到留住老客户、吸引新客户、提高客户的利润贡献度的目的。

从管理科学的角度来考察,CRM 源于市场营销理论;从解决方案的角度考察,CRM 是将市场营销的科学管理理念通过信息技术的手段集成在软件上面,使其得以在全球大规模地普及和应用。

> ⚠️ **小贴士：谁最先提出客户关系管理的概念？**
>
> 最早发展客户关系管理的国家是美国,这个概念最初由高德纳公司(Gartner Group)提出来,在 20 世纪 80 年代初便有所谓的"接触管理"(contact management),即专门收集客户与公司联系的所有信息,到 20 世纪 90 年代则演变成包括电话服务中心支持资料分析的客户关怀(customer care)。

CRM 系统的宗旨是:为了满足每个客户的特殊需求,同每个客户建立联系,通过同客户的联系来了解客户的不同需求,并在此基础上进行"一对一"个性化服务。

2. CRM 的功能

CRM 系统一般包括客户管理,时间管理,潜在客户、项目管理、销售管理,电话营销和电话销售,营销管理,客户服务,呼叫中心,合作伙伴关系管理,商业智能,电子商务等子系统。

(1)客户管理。客户管理的主要功能包括:客户及其联系人的基本信息;与此客户相关的基本活动和活动历史;订单的输入和跟踪;建议书和销售合同的生成;跟踪同客户的联系,并可以把相关的文件作为附件;客户的内部机构的设置概况。

(2)时间管理。时间管理的主要功能包括:日历;设计约会,活动计划;进行事件安排;备忘录;进行团队事件安排;把事件的安排通知相关的人;任务表;预告或提示;记事本;电子邮件;传真。

(3)潜在客户、项目管理、销售管理。潜在客户、项目管理、销售管理的主要功能包括:业务线索的记录、升级和分配;销售机会的升级和分配;潜在客户的跟踪;各销售业务的阶段报告;对销售业务给出战术、策略上的支持;对地域进行维护,把销售人员归入某一地域进行授权;地域重新设置;定制关于将要进行的活动、业务等方面的报告;销售秘诀和销售技能的共享;销售费用管理;销售佣金管理。

(4)电话营销和电话销售。电话营销和电话销售的主要功能包括:电话本;生成电话列表,并把它们与客户、联系人和业务建立关联;把电话号码分配到销售员;记录电话细节,并安排回电;电话营销内部草稿;电话录音,同时给出书写器,用户可做记录;电话统计和报告;自动拨号。

(5)营销管理。营销管理的主要功能包括:产品和价格配置器;营销百科全书;营销公告板,可张贴、查找、更新营销资料;跟踪特定事件;安排新事件;信函书写,批量邮件;邮件合并;生成标签和信封。

(6)客户服务。客户服务的主要功能包括:服务项目的快速录入;服务项目的安排、调度和重新分配;事件的升级;搜索和跟踪与某一业务相关的事件;生成事件报告;服务协议和合同;订单管理和跟踪;问题及其解决方法的数据库。

(7)呼叫中心。呼叫中心的主要功能包括:呼出呼入电话处理;互联网回呼;呼叫中心运行管理;软电话;电话转移;路由选择;通过传真、E-mail 等自动进行资料发送;呼入呼出调度管理;报表统计分析;管理分析工具。

（8）合作伙伴关系管理。合作伙伴关系管理的主要功能包括:与合作伙伴共享客户信息,产品和价格信息,公司数据库,与市场活动相关的文档,销售机会消息,销售管理工具和销售机会管理工具等,并提供合作伙伴预定义的和自定义的报告;产品和价格配置器。

（9）商业智能。商业智能的主要功能包括:预定义和用户定制的查询与报告;报表工具;系统运行状态监视器。

（10）电子商务。电子商务的主要功能包括:个性化界面,服务;网站内容管理;店面;订单和业务处理;销售空间拓展;客户自助服务;网站运行情况的分析和报告。

此外,根据客户的需求,CRM 系统还会增加预警、结算、辅助决策、需求定制等多项功能。

3. CRM 的作用

由于 CRM 的独创性的管理手段与管理理念,真正把"以客户为本"的观念结合到企业的日常业务之中,并在多个方面改善企业的管理,具体表现如下:

（1）CRM 能够加速企业对客户的响应速度。CRM 改变了企业的运作流程,企业应用多种方式与客户直接进行交流,从而大幅缩短了企业对客户的响应时间,这样企业也能更敏锐地捕捉到客户的需求,以便为改进企业的服务提供可靠的依据。

（2）CRM 能够帮助企业改善服务。CRM 向客户提供主动的客户关怀,根据销售和服务历史提供个性化的服务,在知识库的支持下向客户提供更专业化的服务、严密的客户纠纷跟踪,这些都成为企业改善服务的有力保证。

（3）CRM 能够提高企业的工作效率。因为 CRM 建立了客户与企业打交道的统一平台,客户与企业一接触就能完成多项业务,所以,工作效率也得到了大幅提高。另外,CRM 使办公自动化程度提高,使不少重复性的工作(如批量发传真、邮件)都由计算机系统完成,其工作的效率和质量都是人工无法比拟的。

（4）CRM 能够有效地降低成本。通过 CRM 的运用使得团队销售的效率和准确率都得到了很大的提高。同时,服务质量的提高也使得服务时间缩短,工作量大大减少,这些都在无形中降低了企业的运作成本。

（5）CRM 能够规范企业的管理。CRM 不仅提供了统一的业务平台,而且通过自动化的工作流程将企业的各种业务紧密地结合起来,这样就将个人的工作纳入企业规范的业务流程,同时将发生的各种业务信息存储在统一的数据库中,最大限度地避免了重复工作以及人员流动造成的损失。

（6）CRM 能够帮助企业深入挖掘客户的需求。CRM 在收集各种客户信息,将这些信息存储在统一的数据库中的同时,也提供了数据挖掘工具,能够帮助企业对客户各种信息进行深入的分析和挖掘,从而使得企业"比客户自己更了解客户"。

（7）CRM 能够为企业的决策提供科学的支持。由于 CRM 建立在"海量"信息的数据库之上,CRM 的统计分析工具能帮助企业了解信息和数据背后蕴含的规律与逻辑关系。因此,只有充分掌握了这些,企业的管理者才能作出科学、准确的决策,以使企业在竞争中占尽先机。

总之,企业通过 CRM 系统可以了解到更多的客户需求,能够为客户提供个性化的产品和服务,在提高客户的满意度同时,获得更大的利润。

（二）CRM 软件的功能

1. CRM 免费试用网站

CRM 免费试用网站很多,下面以北京沃力森德软件技术有限公司开发、建设的超兔(XTools)网站为例,简要讲解其功能。该网站以 CRM 软件为核心,包括电子账本、来电精灵、销售自动化等软件群以及"快目标""打天下"等移动产品。

该网站产品线日臻丰富,为中小企业信息化进程带来更多的选择。同时,网站推出"企业维生素"理念,并通过 XTools 系列软件免费试用,让客户体验其产品。

2. XTools 功能

（1）人员管理（见图 6-1）。

图 6-1　人员管理

（2）经费管理（见图 6-2）。

图 6-2　经费管理

（3）单证管理（见图 6-3）

图 6-3　单证管理

（4）货品管理（见图 6-4）

图 6-4　货品管理

二、活动安排

（一）活动内容

物流客户关系管理系统（CRM）实训。

（二）活动要求

（1）通过任务，熟练掌握 CRM 的功能。
（2）通过任务，熟悉 CRM 的主要输入与输出信息。

（三）活动步骤

（1）准备。教师在 PPT 上给出任务案例背景。

某公司主要从事快速消费品（含日化、固体常温食品、常温饮品）的货运、配送等业务，有时也会承接其他行业客户的托运，但业务量不大。公司客户众多，50% 为交易型客户，30% 为利润贡献不大的合同客户，20% 为利润贡献大的长期客户。公司除使用自有车辆外还会与其他运输企业合作，长途运输主要外包给三家固定的运输商，配送业务有时使用社会闲散运力。

（2）打开浏览器，在地址栏输入 http://www.xtools.cn。

（3）注册。

（4）浏览各模块。

（5）进入系统设置——基础资料设置。

① 在客户类型设置中删除不适用的项，按本公司情况添加客户类别和合作伙伴类别。

② 在行业类别设置中删除不适用的项，按本公司情况添加客户行业类别。

③ 在公司部门中添加客户服务部。

④ 在销售机会设置中将签订合同的概率修改为 100%。

⑤ 在客户事件类型中添加投诉事件。

（6）进入系统设置——货品管理，在服务类型中添加长途货运、市内配送两种类型。

（7）进入客户管理——客户资料管理，上周公司新增处于售前跟踪状态的潜在客户 1 名，本周已对该客户成功销售，请在系统中记录销售信息，客户状态转为合同执行状态。另本周新增合同执行状态的交易型客户 2 名。

（8）进入客户往来，增加"联系反馈回访"，本周对 1 名潜在客户进行了 2 次报价洽谈，最终促成合同的签订；针对洽谈各增加 1 次销售机会（销售报价、合同签订）。

（9）进入客户往来，增加"客户事件"，1 名交易型客户进行了投诉。

（10）查看销售管理和统计功能。

（11）根据软件操作请学生思考并回答下列问题：

① CRM 的功能是什么？

② 物流企业中与客户关系管理相关的信息有哪些？这些信息是静止的还是动态的？它们如何在物流企业内部流动？

③ 物流企业操作人员向 CRM 系统输入的信息有哪些？该系统经过分析、统计等输出的信息又有哪些？输出的这些信息有何作用？

[说明]

本活动约需 80 分钟。

任务评价

见附录。

应用训练

（1）组织学生到合作企业了解该企业的经营数据情况，熟悉其统计报表的类型及使用情况。

（2）通过网络，熟悉 CRM 内容、模块及功能，思考如何在物流企业中有效发挥客户关系管理系统的作用。

拓展提升

顺丰速运的客户关系管理

在竞争日趋激烈的市场状况下，谁能与客户建立和保持一种长期稳定的合作关系，分析客户需求、掌握客户资源、赢得客户信任，谁就能制订出科学的企业经营发展战略，为客户提供满意的产品和服务，迅速占领市场，提高市场份额，获得最大利润。顺丰速运为了应对国内外同行的挑战，构筑起自身竞争优势，与相关软件公司积极配合，开发适合自己的客户关系管理系统。

1. 充分有效利用客户资源，提升客户满意度，增加利润

客户乐于和企业建立关系的原因是希望得到优惠或特殊照顾。客户关系管理能将企业客户的所有信息、企业销售人员状况统一纳入管理，并及时、完整、准确地获取客户信息，可以为企业各级管理人员和业务人员提供分析和工作支持，实现了横纵向之间的客户信息沟通。不必害怕核心营销人员的离职，不再担心营销人员缺席，任何营销员都可以轻松地接手其他营销员的后续工作。可以根据客户生命周期分类管理客户资源，为顺丰速运制订相应的销售管理策略、技术准备等提供支持，充分分析新客户带来的销售机会和老客户的潜力，促进企业利润的增长。

2. 通过协调内部资源，建立客户数据资料库

顺丰通过协调内部资源，改善销售，加强对客户资源的监控，建立客户数据资料库，是与客户长期保持联系的基础。数据库中的数据资料既可通过市场调查来获得，也可通过企业的业务记录、客户投诉记录以及业务人员个人与客户的接触等渠道获得。了解客户的需求、偏好等重要信息，从而为他们提供适合的产品和服务。同时还可以根据数据库提供的信息资料，采取定期提供有关产品和服务的信息、信件、电话、登门拜访等方式，加强与客户之间的沟通，与客户建立起长期持续的关系。

3. 加强对客户信息的收集以及对客户的分析能力

从供应链的角度来讲，全面了解和掌握客户的需求，有助于顺丰速运为客户提供及时、周全的服务。顺丰速运主动地获取和记录客户的信息，通过数据挖掘、数据分析来认

识客户的行为和偏好,了解客户消费模式及习惯的变化,培养企业对客户的洞察能力。

4. 建立 VIP 信息系统

建立 VIP 信息系统可以有针对性、有目标地收集重点客户的信息,加强与他们的联系,有利于帮助企业开展项目快递,同时使增值服务的实施有可靠的载体,推动增值服务的开展。

巩 固 提 高

一、单项选择题

1. 拥有(　　　)就意味着物流企业拥有了在市场中继续生存的理由。

A. 客户 　　　　　　　　　　　B. 市场

C. 人才 　　　　　　　　　　　D. 硬软件设施设备

2. 对待客户的适度承诺能有助于打造客户的忠诚度,应遵循(　　　)原则。

A. 随意附和 　　　　　　　　　B. 避重就轻

C. 有诺定达 　　　　　　　　　D. 诚心诚意

3. 在客户回访之前,首先应该(　　　)。

A. 明确客户需求 　　　　　　　B. 对客户进行细分

C. 确定适合的客户回访方式 　　D. 收集客户投诉信息

4. 从管理科学的角度来考察,CRM 源于(　　　)理论。

A. 以客户为中心 　　　　　　　B. 快速反应

C. 市场营销 　　　　　　　　　D. 资源整合

5. 最好的客户回访是通过(　　　)来提高客户对企业或者产品的美誉度和忠诚度,从而创造新的销售可能。

A. 满足客户期望 　　　　　　　B. 低于客户期望

C. 等于客户期望 　　　　　　　D. 超出客户期望

二、多项选择题

1. 把握客户需求应掌握的基本知识有(　　　　　)。

A. 人际沟通技巧 　　　　　　　B. 树立客户服务的理念

C. 物流专业知识 　　　　　　　D. 营销知识

2. 按销售周期看,回访的方式主要有(　　　　　)。

A. 定期回访 　　　　　　　　　B. 提供售后服务之后的回访

C. 节日回访 　　　　　　　　　D. 当面回访

3. 物流客户拜访主要包括(　　　　)阶段。

A. 准备阶段 　　　　　　　　　B. 实施阶段

C. 跟进阶段 　　　　　　　　　D. 解决阶段

4. CRM 系统包括(　　　　)等领域。

A. 市场 　　　　　　　　　　　B. 销售

C. 服务 　　　　　　　　　　　D. 预算

5. 根据 CRM 系统的一般模型,可以将 CRM 系统划分为(　　　　　)等组成部分。

A. 基本资料 　　　　　　　　　B. 接触活动

C. 业务功能 　　　　　　　　　D. 商业智能

三、判断题

（　　）1. 适度承诺是指根据公司的运营服务能力,针对客户的需求对客户的要求进行适度的回复。

（　　）2. 客户需求的"二次开发"指对原有客户新需求的开发。

（　　）3. 写作商务信函就是用华丽优美的词句准确地表达自己的意思。

（　　）4. CRM是一种以"客户关系一对一理论"为基础,旨在改善企业与客户之间关系的新型管理机制。

（　　）5. CRM系统的宗旨是:为了满足重要客户的特殊需求,同重要客户建立联系,并在此基础上进行"一对一"个性化服务。

四、简答题

1. 物流客户人员如何正确把握客户的需求?

2. 物流客服人员如何与客户保持良好的关系?

3. 物流客服人员如何出色地完成客户回访工作?

参考答案

4. 简述CRM的内涵及功能。

5. 简述CRM系统对企业管理的主要作用。

项目七　进行客户分类与大客户管理

任务一　尝试对客户进行分类

任务描述

　　经过近一学期的物流客户服务的学习,李均和王武钢两位同学发现,客户是物流企业生存和发展的原动力,是物流企业非常重要的资源。李均向王武钢提出了一个问题:"你知道什么是'20/80 法则'吗?"王武钢对这个新词语很感兴趣。正巧,老师走了过来,王武钢向老师请教了这个问题,老师微笑地告诉两位同学:"你们不仅要学习这个知识,还应该学习企业的客户 ABC 分类,至于 ABC 分别代表什么,我们课堂上来学习吧!"

任务目标

1. 了解物流客户分类管理的意义。
2. 熟悉物流企业客户分类的依据。
3. 掌握物流企业客户分类的方法。
4. 能够将物流企业客户进行 ABC 分类。

任务实施

一、知识准备

（一）物流企业客户分类

　　客户分类管理是根据客户的经济状况及其对企业利润的贡献、客户需求的差异性等来科学合理地配置企业的资源,并提供相应的能满足客户需要的产品或服务。所有的客户都需要关注、关怀和爱护,但由于企业的资源总是有限的,因而,企业总是存在如何利用现有的外部环境条件和企业内部资源在客户关系管理、营销效益方面发挥最大的作用的问题。

企业的客户按照不同的标准可以划分为不同的类别,而不同的客户分类又为企业实施不同的管理策略、服务方法提供了最直接、最有效的依据。

1. 财务指标构成分类

财务指标构成分类是以物流服务交易额、客户贡献率等财务指标为依据对客户进行的分类。财务指标构成分析是物流企业常用的客户一般构成分析。按交易额指标进行客户分类,可以反映客户与公司的交易规模、交易的频繁程度,判断客户与企业的关系类型,有助于企业与客户建立长期合作伙伴关系;按客户贡献率指标进行客户分类,可以为企业找到最直接的利润源泉。按财务指标进行客户分析,可以揭示客户对企业营销活动的影响,反映客户对企业的重要程度。这种分析,有利于物流企业在提供物流服务活动中抓住重点客户,扩大经营规模,扩展价值源泉。

2. 按物流服务产品项目的发展前景和客户的市场成长性分类

按物流服务产品项目的发展前景和客户的市场成长性分类是指将客户分为"客户低成长、本企业产品低前景""客户高成长、本企业产品低前景""客户高成长、本企业产品高前景""客户低成长、本企业产品高前景"四种类型。这种分类方法,为企业淘汰客户、谨慎选择和发展交易客户、培养明星客户、调整衰老型客户提供营销策略的决策依据。

3. 按客户的忠诚度和信用等级分类

按客户的忠诚度和信用等级分类是指将客户划分为"低信用、低忠诚""低信用、高忠诚""高信用、高忠诚""高信用、低忠诚"四种类型。这种分类对企业的好处有:① 降低风险,放弃"低信用、低忠诚"客户;② 规避风险,向"高信用、高忠诚"客户提供成熟的产品或服务;③ 巩固和发展黄金客户,培养客户忠诚度。

4. 按交易额或利润分类

按交易额或利润分类指按物流服务交易额或利润将客户分为 ABC 三类(帕雷托分析法)。ABC 分类将物流客户分成 A 类(占 10%～15%)、B 类(占 15%～25%)、C 类(除 A、B 类之外的客户),其中 A 类为最重要的成熟客户。

(二) ABC 分类法

ABC 分类法是由意大利经济学家维尔弗雷多·帕累托首创的。又称帕雷托分析法,也叫主次因素分析法,是企业管理中常用的一种方法。它是根据事物在技术或经济方面的主要特征,进行分类排队,分清重点和一般,从而有区别地确定管理方式的一种分析方法。由于它把被分析的对象分成 A、B、C 三类,习惯称为 ABC 分类法。

该方法的核心思想是在决定一个事物的众多因素中分清主次,识别出少数的但对事物起决定作用的关键因素和多数的但对事物影响较少的次要因素。

通过合理分配时间和力量到 A 类,对 A 类进行重点管理,将会得到更好的结果。当然忽视 B 类和 C 类也是危险的,应对 B 类进行次重点管理,对 C 类进行一般管理。

在 ABC 分类法的分析图(见图 7-1)中,有两个纵坐标,一个横坐标,左边纵坐标表示频数,右边纵坐标表示频率,以百分数表示。横坐标表示影响某事物的各项因素,按影响大小从左向右排列,曲线表示各种影响因素大小的累计百分数。一般地,是将曲线的累计频率分为三级,与之相对应的因素分为三类:

A 类因素,发生累计频率为 0~80%,是主要影响因素。

B 类因素,发生累计频率为 80%~90%,是次要影响因素。

C 类因素,发生累计频率为 90%~100%,是一般影响因素。

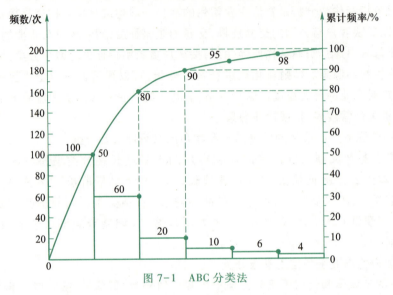

图 7-1 ABC 分类法

ABC 分类法是根据事物在技术、经济方面的主要特征,进行分类排列,从而实现区别对待区别管理的一种方法。ABC 法则是帕累托 80/20 法则衍生出来的一种法则。所不同的是,80/20 法则强调的是抓住关键,ABC 法则强调的是分清主次,并将管理对象划分为 A、B、C 三类。

(三) 客户 ABC 分类的必要性和重要性

1. 不同的客户带来的价值不同

经验表明,每个客户能给企业创造的收益是不同的。有统计资料证明,23%的成年男性消费了啤酒总量的 81%,16%的家庭消费了蛋糕总量的 62%,17%的家庭购买了 79%的速溶咖啡。也就是说,大约 20%的客户消费了产品总量的 80%左右,其余 80%客户的消费量只占该种产品总量的 20%。

根据美国学者雷奇汉的研究,企业从 10%最重要的客户那里获得的利润,往往比企业从 10%最次要的客户那里获得的利润多 5~10 倍,甚至更多。研究机构指出,一个企业的客户群中,前 20%的客户产生约 150%的利润,而后 30%的客户消耗了 50%的利润。以上的研究结果虽然不尽相同,但是都证明了一个事实,那就是客户有大小,贡献有差异。每个客户带来的价值是不同的,有的客户提供的价值可能比其他客户高 10倍、100 倍,甚至更多,而有的客户则不能给企业带来多少利润,甚至还会吞噬其他客户带来的利润。

2. 根据客户的不同价值分配不同的资源

尽管每个客户的重要性都不容低估,但是由于不同的客户实际为企业创造的价值不同,而企业的资源又有限,因此把企业资源平均分配给每个客户的做法既不经济也不切合实际。企业应当根据客户的不同价值分配不同的资源。

3. 分别满足不同价值客户的不同需求

由于每个客户为企业带来的价值不同,他们对企业的需求和预期待遇也就会有差别。一般来说,为企业创造主要利润、为企业带来较大价值的关键客户期望能得到有别于普通客户的待遇,如更贴心的服务以及更优惠的条件等。如果能区分出这部分利润贡献大的客户,然后为他们提供有针对性的服务,他们就有可能成为企业的忠诚客户,从而持续不断地为企业创造更多的利润。

4. 客户分级是有效进行客户沟通、实现客户满意的前提

有效的客户沟通应当根据客户的不同采取不同的沟通策略,如果客户的重要性和价值不同,就应当根据客户的重要性和价值的不同采取不同的沟通策略。因此,区分不同客户的重要性和价值是有效进行客户沟通的前提。

实现客户满意也要根据客户的不同采取不同的策略,因为不同客户的满意标准是不一样的。所以,实现客户满意的前提是要区分客户的满意标准。

（四）客户的 ABC 分类法

1. A 类客户

A 类客户是指按照 ABC 法则,在目标客户群中选取的重点细分客户。A 类客户对物流企业服务产品认可,满意度高,有需求或需解决的问题时会第一时间直接找该物流企业,其服务交易额高或潜力大,是"重要的少数"。A 类客户通常也是 20/80 法则中的 20,即为物流企业带来 80% 的营业收入的 20% 的关键客户。

A 类客户数量少,价值高,他们应备受重视而享有最佳的客户服务管理,包括最完整的服务记录、最充裕的服务时间、最细心周到的服务措施等。及时执行公司营销计划并反馈客户信息,选择最佳的服务方案,建立最佳的客户跟踪档案,从而能够在短期内迅速赢得该类重点客户。

2. B 类客户

B 类客户是指按照 ABC 法则,在目标客户群中选取对企业的产品和服务比较认可,较满意,但还有一些异议,有需求时会找该企业,但需排除异议后才会购买物流服务的客户。该类客户服务交易额不高不低或有一定潜力。

B 类客户的跟踪工作是客户管理的重点,要不时地拜访他们,听取他们的意见加以改进。这类客户自身业务发展了,其物流服务的需求增加,如果物流企业服务及时跟上,这类客户就有可能上升为 A 类客户。

3. C 类客户

C 类客户是指按照 ABC 法则,在目标客户群中处于观望状态,会拿企业与竞争对手比较且一般倾向于竞争对手产品和服务的客户。

C 类客户是"琐碎的多数",即客户数量量多而服务交易额低。对这类客户来说,不宜耗费过多精力管理,但也不能缺少关注。若进行过多的管理,则所花的时间和费用可能

超过这些客户能为企业带来的价值。因此,在一般情况下,C 类客户可以只进行一般管理,但还要仔细分辨是否能发展成为 B 类或 A 类客户,以避免误判而导致损失。当发觉 C 类客户数量过少时,应设法加以补充。

课堂体验:

客户服务要重视细节

某物流公司历时三个月终于与一个大客户谈成了一笔大生意,签订合同这天,恰巧一直跟进这位大客户项目的客服部经理家中有急事,公司临时委派物流客服部副经理刘某负责完成签约仪式。刘某听说出席签约仪式的对方公司总经理姓"zhang",于是将桌签打印为"张总"。结果等到签合同时,对方说合同有点小问题,还要审查一下,等以后再择日签订,随后取消了与该物流公司的合作。物流公司总经理听闻这一消息勃然大怒,狠狠地批评了刘某,原来对方公司总经理姓"章"而不是姓"张"。

请分析刘某出现错误的原因,谈谈以后如何防止类似的事情发生。

_____

_____

_____

_____

二、活动安排

(一) 活动内容

深圳迅达物流有限公司将其现有客户分成 ABC 三类,公司针对不同客户有着不同的服务管理方式。请参考表 7-1 设计出公司对每类客户的服务管理内容。

表 7-1 深圳迅达物流有限公司客户服务管理表

客户类别	客户服务专员		客服部经理	市场部经理	总经理/副总
A	走访: 每月 3 次	电话: 每月 2~3 次	走访: 1~2 个月 1 次	走访: 半年 1 次	走访: 1 年 1 次
B	走访: 每月 2 次	电话: 每月 1~2 次	走访: 2~3 个月 1 次	走访: 6~12 个月 1 次	走访: 有必要时
C	走访: 每月 1 次	电话: 每月 1 次	—	—	—

（二）活动要求

（1）通过任务，熟悉客户 ABC 分类。
（2）通过任务，学会对客户进行 ABC 分类管理。

（三）活动步骤

（1）以小组为单位收集资料，参考表 7-1 针对每类客户确立不同的服务管理内容。
（2）小组集中讨论服务管理内容的合理性。
（3）绘制客户服务管理表，将服务管理内容填写清楚，同时完成表7-2 的填写。

表 7-2　小组活动控制表

活动步骤与内容安排	时间	负责人	注意事项	记录

任务评价

见附录。

应用训练

（1）到一家中小型物流企业进行调研，实地参与，利用该公司相关客户管理软件，帮助公司整理客户资料，完善该公司物流客户记录档案，并分析客户特点；同时，利用在该物流企业收集的资料分别设计并填写物流客户资料表、客户信用分析表、客户价值表等表格。
（2）根据上述表格，试着对该公司的所有客户进行分类，帮助该公司实现客户分类管理。

拓展提升

ABC 分类案例

某物流公司将其客户按照年物流费用进行分类，年物流费用在 1 000 万元以上的客户为 A 类客户，年物流费用 500 万~1 000 万元的客户为 B 类客户，年物流费用 200 万~500 万元的客户为 C 类客户，年物流费用 200 万元以内的为 D 类客户。

根据客户年物流费用情况，进行客户构成分析，如图7-2 所示。

通过分析结果得知，A 类客户占客户总数的 5%，B 类客户占客户总数的 19%，C 类客户占客户总数的 62%，D 类客户占客户总数的 14%。由于物流企业客户规模的大小不一，

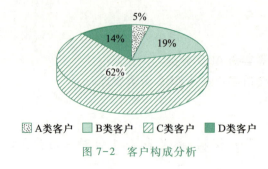

图 7-2　客户构成分析

对物流企业营业额的贡献程度也相应不同,因此该公司针对不同客户类别制订了不同的服务标准。

任务二　熟悉大客户管理的内容与流程

任务描述

李均和王武钢两位同学所在的小组在任务一的学习中学会了用 ABC 分类法管理公司客户,在小组讨论分析大客户管理的时候,王武钢认为:应该建立大客户信息库,并且在大客户关系维护方面要做到以下几点。

（1）明确目标客户,抓住核心客户。

（2）业务以质量取胜。

（3）研究客户经营业务的发展动向。

（4）加强业务以外的沟通,定期走访建立朋友关系。

（5）做好售后服务。

同学们都称赞王武钢的资料收集得很全面,总结得很准确。那么物流企业有哪些类型的大客户呢? 为大客户进行服务的内容和流程具体是怎样的?

任务目标

1. 认识物流企业大客户。

2. 熟悉物流企业大客户的类型。

3. 熟悉物流企业大客户管理的工作内容。

4. 掌握物流企业大客户管理的工作流程。

任务实施

一、知识准备

（一）"客户金字塔"模型

企业根据客户给企业创造的利润和价值的大小按由小到大的顺序"垒"起来,

就可以得到一个"客户金字塔"模型,给企业创造利润和价值最大的客户位于客户金字塔模型的顶部,给企业创造利润和价值最小的客户位于客户金字塔模型的底部,如图7-3所示。客户金字塔模型可分为三个层级:关键客户、普通客户和小客户。

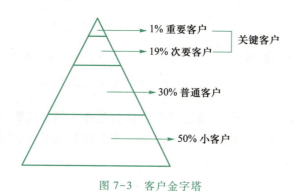

图7-3　客户金字塔

1. 关键客户

关键客户是企业的核心客户,一般占企业客户总数的20%,企业80%的利润由他们贡献,是企业的重点服务对象。关键客户由重要客户和次要客户构成。

(1)重要客户。重要客户是客户金字塔中最高层的客户,是能够给企业带来最大价值的前1%的客户。重要客户往往对企业忠诚,是企业客户资产中最稳定的部分,他们为企业创造了绝大部分和长期的利润,而企业只需支付较低的服务成本;他们可帮助企业介绍客户,为企业节省开发新客户的成本;他们不但有很高的当前价值,而且有巨大的增值潜力,其业务总量在不断增大,未来在增量等方面仍有潜力可挖。重要客户是最有吸引力的一类客户,企业拥有重要客户的数量,决定了企业的竞争地位。

(2)次要客户。次要客户是除重要客户以外给企业带来较大价值的前20%的客户,一般占客户总数的19%。次要客户也许是企业产品或者服务的大量使用者,也许是中度使用者,他们通常对价格的敏感度比较高,为企业创造的利润和价值没有重要客户那么高;他们往往也没有重要客户那么忠诚,为了降低风险他们可能会同时与多家同类型的企业保持长期关系;他们也会真诚、积极地为本企业介绍新客户,但可能已经没有多少潜力可供挖掘。

2. 普通客户

普通客户是除重要客户与次要客户之外的为企业创造价值的前50%的客户,一般占客户总数的30%。普通客户包含的客户数量较大,但他们的忠诚度、能够带来的价值却远比不上重要客户与次要客户,对他们可以进行一般管理。

3. 小客户

小客户是除了上述三种客户外,剩下的后50%的客户。小客户的服务需求量不多,忠诚度也较低;对企业利润的贡献率较低。

客户数量与客户利润贡献率之间的关系如图7-4所示。

"客户数量金字塔"和"客户利润贡献率倒金字塔"体现了客户类型、数量分布和创造

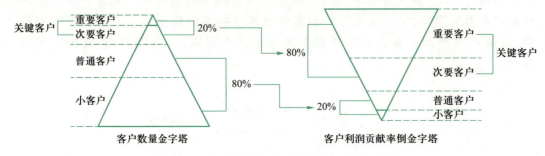

图 7-4　客户数量与客户利润贡献率之间的关系

利润能力之间的关系。企业应为对本企业的利润贡献最大的关键客户,尤其是重要客户提供最优质的服务,配置最丰富的资源,并加强与这类客户的关系,从而使企业的赢利能力最大化。

课堂体验:说说客户金字塔和 ABC 分类法的联系。

_____

_____

_____

(二) 物流企业大客户

1. 物流企业大客户的含义

物流企业大客户是指物流服务业务需求量大、需求频率高,能够为物流企业带来较高利润,对物流企业的经营业绩产生较大影响的关键客户。也就是说,企业绝大部分营业收入来源于一小部分关键客户,而这一小部分客户对企业的生存与发展起着决定性的作用。

2. 物流企业大客户的类型

物流企业大客户可以依据不同的分类标准进行划分。

(1)物流企业大客户按合作的领域不同,可以划分为:全球性大客户、全国性大客户、地区性大客户和行业性大客户。

(2)物流企业大客户按合作程度不同,可以划分为:优先型大客户、伙伴型大客户、交易型大客户和战略型大客户。

(3)物流企业大客户按合作项目类型不同,可以划分为:战略联盟大客户、资本运作项目大客户、企业项目大客户、行业项目大客户、政府项目大客户以及产品互惠项目大客户。

课堂体验：100-1＝0，这是营销学上一个有趣的公式，它阐述这样一个道理：只要有1次客户对企业的服务持否定态度，即便前面已有100次客户都对企业的服务感到满意，企业辛辛苦苦所积累起来的客户满意度也会立即归零。

想一想：物流企业如何才能提高客户满意度？

_____

_____

_____

　　物流企业大客户管理是为了集中物流企业的资源优势，从战略上重视大客户，深入掌握、熟悉大客户的需求和发展的需要，有计划、有步骤地开发、培育和维护对物流企业的生存和发展有重要战略意义的大客户，为大客户提供优质的服务和解决方案，建立和维护好持续的客户关系，帮助企业建立和确保竞争优势。大客户管理是企业实现"一对一"服务营销策略的保证。

（三）物流企业大客户管理的工作内容

　　（1）建立物流企业大客户档案，记录客户详细信息，并及时留意更新相关档案资料。大客户档案由书面文档和电子文档组成，应采用统一的建档格式，对大客户的日常活动进行完整的跟踪记录。

　　（2）针对大客户的需求，成立服务团队，提供差异化服务。

　　（3）定期对大客户进行回访，及时了解大客户的需求，收集客户信息及意见，及时改进并优化服务。

　　（4）定期组织物流企业与大客户的交流会议或活动，增进双方交流，听取大客户对物流企业服务的意见和建议。

　　（5）建立高效的投诉处理机制，注重处理客户投诉的规范性和效率性，形成闭环的管理流程，做到有投诉即时受理，迅速有结果，处理后及时回访，使得客户投诉得到高效和圆满的解决，并建立投诉归档资料。

（四）物流企业大客户管理的工作流程

　　物流企业大客户管理涉及物流企业内部多部门、多团队的协同作业，因此，对物流企业大客户的管理包括战略管理、市场管理、团队管理、销售管理、目标管理、客户管理等，对大客户进行系统管理是增强企业竞争力的有效途径。

　　1. 大客户筛选流程

　　大客户筛选流程如图7-5所示。

　　2. 大客户拜访流程

　　大客户拜访流程如图7-6所示。

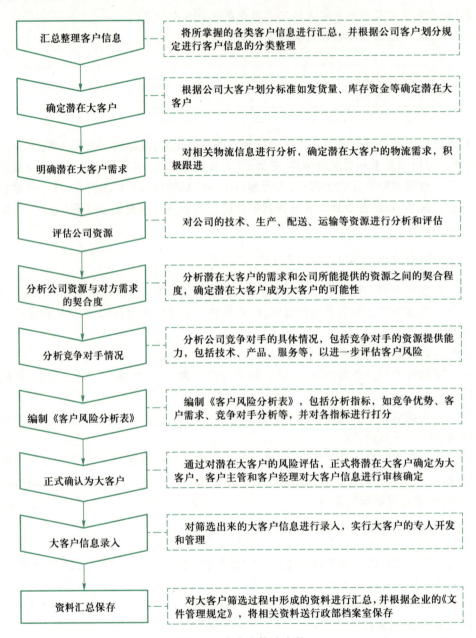

图 7-5 大客户筛选流程

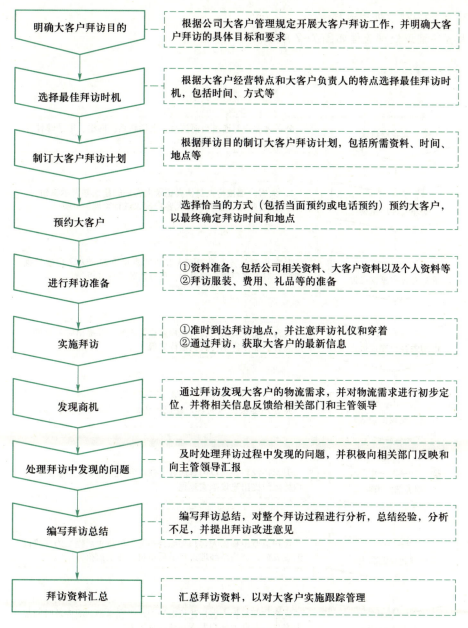

图 7-6　大客户拜访流程

课堂体验:在对大客户进行预约拜访前要做好哪些准备工作?

_____

_____

_____

3. 大客户建议处理流程

大客户建议处理流程如图 7-7 所示。

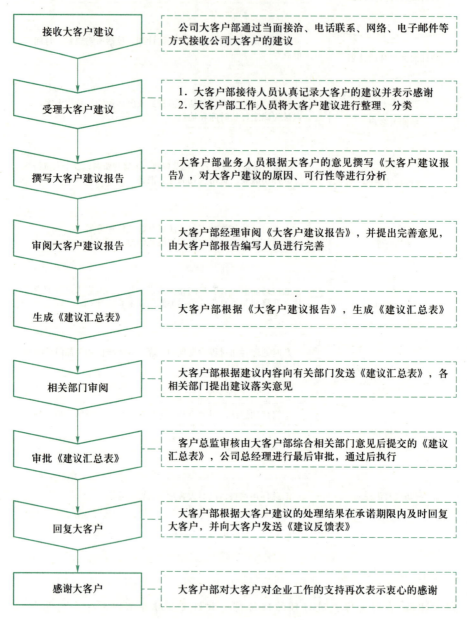

接收大客户建议	公司大客户部通过当面接洽、电话联系、网络、电子邮件等方式接收公司大客户的建议
受理大客户建议	1. 大客户部接待人员认真记录大客户的建议并表示感谢 2. 大客户部工作人员将大客户建议进行整理、分类
撰写大客户建议报告	大客户部业务人员根据大客户的意见撰写《大客户建议报告》，对大客户建议的原因、可行性等进行分析
审阅大客户建议报告	大客户部经理审阅《大客户建议报告》，并提出完善意见，由大客户部报告编写人员进行完善
生成《建议汇总表》	大客户部根据《大客户建议报告》，生成《建议汇总表》
相关部门审阅	大客户部根据建议内容向有关部门发送《建议汇总表》，各相关部门提出建议落实意见
审批《建议汇总表》	客户总监审核由大客户部综合相关部门意见后提交的《建议汇总表》，公司总经理进行最后审批，通过后执行
回复大客户	大客户部根据大客户建议的处理结果在承诺期限内及时回复大客户，并向大客户发送《建议反馈表》
感谢大客户	大客户部对大客户对企业工作的支持再次表示衷心的感谢

图 7-7　大客户建议处理流程

4. 大客户资料收集

为了向大客户提供优质、高效的服务,物流企业应在原有的客户资料基础上对大客户进行专项资料收集,如完成表 7-3,完善物流企业大客户资料,提供跟踪式服务。

表 7-3　物流企业大客户资料表

企业概况	企业名称	
	所在行业	
	企业性质	□国有　　□股份制　　□民营 □外商独资　　□合资　　□其他
	企业地点(所在城市)	
	年营业额(万元)	
	年利税	
	员工总数	
	管理人员人数	
	分支机构及分布	
	组织机构设置及其职能	
物流服务需求情况	物流服务品种数量	
	物流服务需求周期	
	物流服务需求批量	
	年需求量	
供应商信息	供应商数量	
	采购批次或周期	
	供应商信用管理和风险控制	
	是否进行集中采购、统一配送	
库存信息	仓库数量/所处地点	
	物流服务平均周转天数	
	原材料库存平均周转天数	
销售信息	销售渠道	
	经销商数量	
	订单提交方式	□电话　　□传真　　□IT 系统　　□互联网
	订单处理时间(从下单到出货)	
	订单错误率	
客户信息	客户数量	
	客户分布区域	
	客户信用管理和风险控制措施	

续表

IT 建设情况	网络建设/局域网/互联网接入	
	现有管理信息系统/厂商/实施时间	
	数据库厂商	
	计算机数量	
	服务器配置	
目前企业管理中的主要问题		

物流企业应根据所收集的资料进行大客户的评级及管理，一般性流程如图 7-8 所示。

二、活动安排

（一）活动内容

针对深圳迅达物流有限公司的案例资料，分析该公司选择大客户的标准，尝试模拟进行大客户管理。

深圳迅达物流有限公司在选择大客户时有以下几个标准：物流客户的物流服务采购数量（特别是公司高附加值的物流加工服务的采购量），物流客户采购的集中性，对物流服务水平的要求，物流客户对价格的敏感性，物流客户是否希望与公司建立长期伙伴关系，等等。

（二）活动要求

（1）通过任务，充分认识大客户对物流企业的重要性。

（2）通过任务，熟悉物流企业选择大客户的标准，熟悉大客户管理的工作内容和流程。

（三）活动步骤

（1）请以小组为单位讨论深圳迅达物流有限公司选择大客户的标准，并结合表 7-3 的内容（表中参数值可以假定），说明什么样的客户可以成为迅达物流公司的大客户。

（2）模拟填写所提供的大客户相关表格（见表 7-4 至表 7-6），并完成表 7-7。

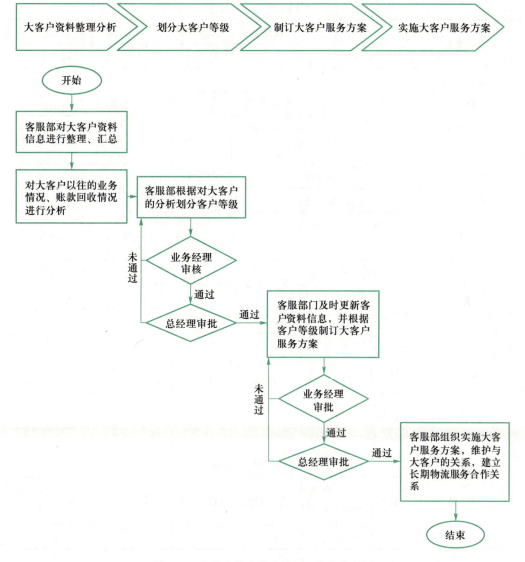

图 7-8 物流企业大客户管理一般性流程图

表 7-4 大客户申请表

客户名称	法人代表	经营项目	信用度	拟给予优惠条件	批示

表7-5　大客户管理卡

客户名称			董事长	总经理	直接主管	承办人
客户地址						
主营业务			销售合同	□已签订　□正在签订　□尚未签订		
总部地址			电　话			
分公司			电　话			
法人代表		注册时间		出生年月		
业务银行		注册资金		成立时间		
资金状况	□充足　□一般 □不足　□紧张		信用状况	□佳　□一般　□差　□很差		
在同行中的地位	□领先　□居中 □末流		员工人数	男	女	合计
月均销售量			库存量			

不动产	土地				建筑物			
	组织 机构	面积	自有	租赁	面积	层数	自有	租赁
	总部							
	分公司							

近半年平均每月业绩

销售额	成本	管理 费用	销售 费用	营业利润	利息支付	折旧	损益额	盈利率 （%）

表7-6　大客户满意度调查表

客户名称		电子邮箱	
地　　址		邮　　编	
填表人		联系电话	

	调查项目	非常满意	满意	一般	不满意	非常不满意
服务 方面	电话客服人员服务满意度					
	回访客服人员服务满意度					
	解决问题的及时性					
	解决问题的有效性					
	服务人员的专业水平					
	公司网站的服务内容					
	备注					

表 7-7　小组活动控制表

活动步骤与内容安排	时间	负责人	注意事项	记录

任务评价

见附录。

应用训练

盈科公司是迅达物流公司快递业务的大客户,该客户经营状况良好,实力雄厚,管理正规,发展迅速,经营业务分布广泛,华南、华北、华东、东北等地都有其分公司,与迅达物流公司的费用结算方式为月结形式。请以迅达物流公司快递业务部客服经理的身份完成以下任务。

(1) 设计针对该大客户的服务方案。

(2) 明确为该大客户提供服务的流程。

拓展提升

利用客户数据库,维护客户关系

李斌是一家运输公司的客户服务总监。作为服务型企业,平时李斌主要的工作就是与客户进行协调、沟通。虽然在众多的同类型运输企业中,李斌所在的公司具有相当的竞争力,但是李斌所接触的客户实在过于繁杂,有时候客户 A 的信息,会被混记在客户 B 的身上,曾经闹出过一些尴尬的笑话。

为了避免再次出现类似状况,企业专门为重要客户建立了数据库,在数据库中标明客户及客户代表的关键信息,对数据库中的客户信息时时进行跟踪、更新。李斌会在一年中的重要节日,为客户寄送礼品。把握好送礼的度也是值得推敲的。李斌说,他们送礼物的目的是希望能够与客户保持长期的、相对轻松的关系。因此,他不会挑选那些贵重的礼物,而是选一些恰到好处、对客户相对实用的礼品,最好能够让客户感受到他们的诚心。在送礼之后,李斌还会及时记录下客户的反馈。

任务三　管理物流大客户

任务描述

李均和王武钢两位同学在班上成立了一家"大客户俱乐部",两个人为制订大客户俱乐部管理章程忙得不亦乐乎,从会员资格的申请到正式加入、会员义务与权利等,都要考虑到。

同样,大客户管理在物流企业日常运营中也起着十分重要的作用。那么,就让我们来试着进行物流大客户管理吧!

任务目标

1. 熟悉物流企业项目管理的流程。
2. 熟悉物流大客户招投标管理。

任务实施

一、知识准备

(一) 物流企业大客户管理的策略

对物流企业的大客户进行管理的首要任务是物流企业应该为大客户提供个性化且周到的物流服务,物流企业与大客户的关系既是平等的双赢关系,又是相互协作的关系。因此,优先保证为大客户服务;注重与大客户进行沟通;密切关注大客户动态,及时提出服务解决方案等在大客户管理过程中显得尤为重要。

(二) 物流企业项目管理流程举例

某物流公司成立以总公司为中心的项目小组,对来自大客户的业务实施项目管理制,确保公司的关键物流业务在全国范围内顺利开展。项目组将按照操作标准、规范和要求,挑选有一年以上行业管理经验并有责任心和客户意识的人员加入项目组,以确保各项工作的准时、到位执行。项目管理具体流程如图 7-9 所示。

(三) 物流大客户招投标管理

1. 对招标、投标的认识
招标投标简称为招投标。招标和投标是一种商品交易的行为,是交易过程的两个方面。招标投标是一种国际惯例,是商品经济高度发展的产物,是应用技术、经济的方法和市场经济的竞争机制,有组织开展的一种择优成交的方式。它是在货物、工程和服务的采购行为中,招标人通过事先公布的采购要求,吸引众多的投标人按照同等条件进行平等竞争,按照规定程序并组织技术、经济和法律等方面专家对众多的投标人进行综合评审,从中择优选定项目的中标人的行为过程。其实质是以较低的价格获得最优的货物、工程和服务。

2. 常见的招投标流程
(1) 招标人发出投标邀请。
(2) 招标人公布招标文件,包括投标人须知、说明、投标资质、其他招标相关文件等。
(3) 投标人制作标书。
(4) 投标人递送投标文件。
(5) 招标人组织评标。

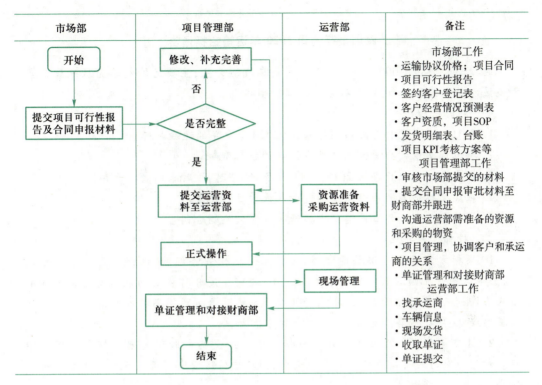

市场部	项目管理部	运营部	备注

市场部工作
· 运输协议价格；项目合同
· 项目可行性报告
· 签约客户登记表
· 客户经营情况预测表
· 客户资质，项目SOP
· 发货明细表、台账
· 项目KPI考核方案等
项目管理部工作
· 审核市场部提交的材料
· 提交合同申报审批材料至财商部并跟进
· 沟通运营部需准备的资源和采购的物资
· 项目管理，协调客户和承运商的关系
· 单证管理和对接财商部
运营部工作
· 找承运商
· 车辆信息
· 现场发货
· 收取单证
· 单证提交

图 7-9　深圳迅达物流公司项目管理流程

（6）定标。

（7）签订合同。

二、活动安排

（一）活动内容

投标书制作。

（二）活动要求

（1）通过任务，熟悉物流服务标书构成要素。

（2）通过任务，掌握投标书制作。

（三）活动步骤

（1）上网搜索物流服务投标书样本。

（2）将样本投标书改写成投标书模板。

（3）根据深圳昌茂公司 2020 年运输招标通告，以深圳迅达物流公司的名义写一份投标书。

深圳昌茂公司 2020 年运输招标通告

运输总金额约 1 000 万元人民币，以整车汽运为主，主要运输线路为从珠江三角洲地区发往全国各地，运输产品主要为棉纺制品。

一、招标进程

1. 即日起在网上公开发布招标意向(2020 年全年的运输招标)。

2. 有意向者请向公司采购部索取详细的投标资料。

3. 标书收回截止日期为 2019 年 11 月 3 日 17 时，过时未到者视为弃标。

4. 在递交标书前必须缴纳投标押金人民币 5 万元整。

5. 开标后 5 个工作日内通知中标情况及签订运输合同。

二、投标过程要点

1. 投标方需具有合法承运资质，三年以上运输业务经验，注册资金 200 万元以上，上年运输营业额不低于 800 万元人民币(之前年度合作良好的承运商可适当降低准入条件，但上年运输营业额不低于 500 万元；新进承运商须满足准入条件)，承运商须提供营业执照、税务登记证、上一年度财务报表。

2. 提交标书前必须缴纳 5 万元投标押金。递交标书时同时附上押金收据复印件。对于原来与我公司合作中的老承运商，则从应付运费中划出 5 万元作为本次投标押金，不再另行缴纳。

三、投标书要求

1. 投标书包含报价书(报价表)、确认遵守招标说明书所规定的条款承诺(在招标说明书上签复盖章，承诺履行招标说明书上所有的条款)、投标押金收据复印件。

2. 报价表一式两份(请自行复印报价表)，盖投标单位公章(多页的必须加盖骑缝章)。

3. 报价表装入小信封内，其他资料与小信封一起装入大信封，封口处盖投标单位公章。

四、评标原则

1. 依据每条线路的报价从低到高选择 5 名入围者。

2. 对入围者资质和能力进行综合考评。

3. 对入围者进行排序，相同价格的综合考评得分高者优先。

4. 取各具体运输线路综合得分列前 3 名的承运商入围，依据得分高低确定主、辅(备)承运商。

5. 分线路运价表经整理、评审，作为运输合同附件。

五、运费支付

1. 完成运输作业后，承运商必须及时与我公司进行运输清单核对，投诉索赔确认，开具运输发票，以免耽误运费的正常支付。

2. 运费经确认，开票请款后，按合同规定支付。详见标准合同。

任务评价

见附录。

应用训练

某大型物流企业，从 20 世纪 90 年代起，友谊物流就为联合利华公司提供个性化的物流服务，具体做法有：

(1) 改变作业时间，实施 24 小时作业制和双休日轮休制，以此满足市场和客户对物流服务的需求，保证了全天候物流服务。

(2) 更改作业方式。根据不同商品、流向、需求对象，实行不同的作业方式。在商品入库这一环节上，针对联合利华公司内部无仓库的特点，采取了两条措施来确保其商品迅速、及时地入库。商品出库是仓库保管与运输配送两个业务部门之间在现场交接商品的作业，交接优劣直接影响商品送达到商店（中转仓）的时效性和正确性。

(3) 仓库重新布局。在商品布局上，将联合利华的储备库、配销库分离。

(4) 商品在库管理。对联合利华的所有在库商品实施批号、项目号管理，确保商品的先进先出，保证商品有较长保质期，确保库存商品质量安全，最大限度地保护消费者的利益。

(5) 流通加工。根据市场需要和购销企业的要求，对储存保管的一些商品，进行再加工包装，以满足市场需要，提高商品附加值。流通加工作业在物流企业内进行，能把需要加工的商品最大限度地集中，节省人力和时间成本。

(6) 信息服务。及时将库存信息传送给联合利华，使联合利华能够随时了解销售情况及库存动态。

(7) 退货整理。退货与换货作业是物流企业对客户的后续服务。专门设立了退货整理专仓，将各地的退货全部集中，组织人员整理、分类、集中处理。解除了客户对能否退换货的后顾之忧，改善了供求关系，提高了供应商成品的完好率。

(8) 为客户提供个性化的服务。物流需求方的业务流程各不一样，一项独特的物流服务能给客户带来高效、可靠的物流支持，使客户在市场中具有特别的竞争优势。友谊物流是通过向客户提供个性化的服务，使客户满意而获得成功的。

请归纳总结该物流公司是如何进行大客户管理的？如何为大客户进行个性化服务的？

拓展提升

中国外运集团的大客户服务战略

中国外运集团是一家具有 70 多年历史的国有大型外贸物流运输企业，是我国最大的国际货运代理企业和第三大船公司。自 1998 年开始，中国外运集团开展了确定企业发展总定位、总方向的战略研究工作，提出了企业的产业定位是把中国外运集团从一个传统的外贸运输企业建成由多个物流主体组成的、按照统一的服务标准流程和规范体系运作的国际化、综合性的大型物流企业集团；提出了中国外运集团的经营理念，即"我们今天和未来所做的一切，都是以降低客户的经营成本为目标，为客户提供安全、迅速、准确、节省、方

便、满意的物流服务"。在这一理念中,包含以下几方面的内容:

（1）"以客户为中心"的经营理念是企业物流服务的最基本精神。

（2）以"降低客户的经营成本"为根本的物流服务目标。

（3）以"伙伴式、双赢策略"为标准的市场化物流服务模式。

（4）以"服务社会、服务国家"为价值取向的大物流服务宗旨。

企业经营理念的提出,是中国外运集团经营思想的重大转变,它确立了集团经营的价值取向和中心目标,已经成为指导集团物流发展工作的基本原则与思想基础。

中国外运集团在客户物流服务方面的实施措施主要是:实施大客户战略,建立大客户服务体系。具体内容如下:

（1）制订科学规范的操作流程。

（2）提供24小时的全天候服务。

（3）提供门到门的延伸服务。

（4）提供创新服务。最大限度地减少货损,维护货主的利益。

（5）充分发挥中国外运集团的网络优势。

（6）对客户实行全程负责制。

巩固提高

一、单项选择题

1. 物流企业对客户进行分类管理,注重重点客户的服务质量,将更多的时间和精力放在重点客户的服务上,重点客户是（   ）。

A. A类客户   B. B类客户

C. C类客户   D. D类客户

2. （   ）也称关键客户,是从企业的客户群中挑选出来给予特别关注的客户,企业会向其提供统一的价格和一致服务。

A. 大客户   B. 合适客户

C. 普通客户   D. 小客户

3. 大客户是企业的伙伴型客户,是为企业创造（   ）的利润的客户。

A. 20%   B. 80%

C. 40%   D. 50%

4. 客户管理是企业管理战略从"以市场或产品为中心"向"（   ）"转移过程中的必然产物。

A. 以市场为中心   B. 以产品为中心

C. 以客户为中心   D. 以销售量为中心

5. 物流客户管理以实现（   ）和企业价值最大化为目标。

A. 市场份额   B. 利润最大化

C. 销售量最大化   D. 客户价值

6. （   ）是物流企业业务管理的重要组成部分,是实现良好的物流服务的基础。

A. 物流客户管理   B. 物流服务管理

C. 客户服务   D. 物流质量管理

二、多项选择题

1. 物流客户管理流程包含( )等内容。

A. 客户信息资料的收集　　　　　　B. 客户信息分析

C. 信息交流与反馈管理　　　　　　D. 服务管理及时间管理

2. 物流客户信息质量要求包含( )等方面内容。

A. 整体性　　　　　　　　　　　　B. 动态性

C. 准确性　　　　　　　　　　　　D. 及时性

3. 大客户管理的前提有( )。

A. 树立"以客户为中心"的经营理念

B. 建立大客户管理部,赋予相应的责、权、利

C. 统一、协调各部门的活动,真正实现"以客户为中心"

D. 利用信息时代提供的先进工具进行客户管理

4. 大客户的管理策略有( )。

A. 优先保证大客户服务

B. 密切关注大客户动态,帮助大客户设计促销方案

C. 在大客户中开展新服务项目的试销

D. 注重与大客户的沟通

5. 物流客户管理具有的特点包括( )。

A. 以实现客户价值和企业价值最大化为目标

B. 是系统化的管理

C. 以市场或产品为核心

D. 以服务质量为关键

三、判断题

( ) 1. 识别大客户是大客户管理中的基本环节。

( ) 2. 20/80 法则是说,一般来讲,企业 80%的营业收入是由 20%的关键客户带来的。

( ) 3. 客户价值是一个绝对值,同时也是一个具有认知性质的价值,它与客户的满意程度没有直接关系。

( ) 4. 企业与客户的关系,就是单纯的金钱交换关系。

( ) 5. 系统化的物流客户管理将实现企业内部最大限度的信息共享,充分发挥核心资源的优势作用。

四、案例分析题

IFA 即德国柏林国际电子消费品展览会,在德国首都柏林国际会展中心每两年举办一届。IFA 是目前全球规模和影响力最大的国际视听及消费类电子产品展览会,是世界各国消费类电子产品生产商和贸易商聚集和展示新产品、新技术最主要的场地,也是欧洲消费类电子产品的采购商、批发商和零售商了解、采购该领域商品的重要市场。北京中远国际货运有限公司(以下简称北京中货)展览运输部承运了该展览中国展区的展品,全权负责中国上海、深圳盐田等港口指定仓库收货、订舱、装箱、报关、出运德国直至柏林展馆指定展位的全程展运物流。IFA 展品均为电子类产品,货值高,产品的运输要求很高,每

家展商的展品件数很多,都要准确就位到展位上。为满足展商要求,提供全方位服务,北京中货分别派出展运经理和员工驻守上海、深圳港口和德国柏林负责现场操作,他们熟悉专业流程,理解国内客户,了解国外操作,能够克服时差困难,高效地与港口、海关、展厅以及装卸工人等各方面沟通协作。其中,进馆当天,从早 8:00 至晚 10:00,他们成功完成了4 个集装箱展品的卸货和就位工作。当地工人只能依靠展品外包装箱上的唛头就位,但有些展品的唛头不清楚也不规范,在现场清点过程中,有的展位上展品的数量与当时申报不一致,这些问题,都需要北京中货现场人员一一向当地工人解释。在进展和撤展期间,北京中货现场人员寸步不离所负责的展区,提供装拆箱作业、货物堆存、信息查询和展品回运等服务。在本次展览上,很多中国展商的展品得到了来自世界各地的参观者的喜爱,也使北京中货的服务得到了中国展商和展览主办方的高度评价。

参考答案

请问:中远国际货运公司为什么能得到中国展商和展览主办方的高度评价?

附　　录

任务评价

一、小组活动评价标准

组长负责每个组员的工作过程,量化评价标准,总分值为 30 分,各项评价标准如下:

(1) 态度:积极参与实训,实训态度端正。

(2) 互助与合作:服从组长安排,与小组成员一起分担任务和责任。

(3) 职业意识:有客户服务的相关意识。

(4) 展示与效果:能参与活动展示,并完成所承担的任务。

小组成员评价表见附表 1。

附表 1　小组成员评价表

小组名称:　　　　　　　　　　　　　　　　　　　　　　　　　　　组长:

小组成员	态度 (5分)	互助与合作 (10分)	职业意识 (5分)	展示与效果 (10分)

二、教师评价标准

教师负责评价每组的任务完成情况,量化评价标准,对工作结果进行评价。总分值为 70 分。教师对小组进行评价的标准见附表 2。

附表 2　教师对小组进行评价的标准

序号	评价指标	分值
1	能在规定时间内小组合作完成工作任务并顺利展示,操作流程规范,岗位职责明确	60~70

序号	评价指标	分值
2	能在规定时间内小组合作完成工作任务,能做展示,但在操作流程规范、岗位分工等方面存在小问题	50~59
3	获得教师或其他组的帮助后能完成工作任务并做展示	0~49

三、教师点评

教师进行点评时,汇总小组内评价、教师对小组的评价后总结点评,每个学生最后得分为所在小组分值加上小组成员评价分值。

参 考 文 献

［1］庄敏.物流客户服务［M］.北京:科学出版社,2011.

［2］续秀梅.物流客户服务［M］.2版.北京:中国财富出版社,2015.

［3］游艳雯.物流客户服务操作实务［M］.北京:化学工业出版社,2010.

［4］毛艳丽,李升全.物流基础［M］.北京:高等教育出版社,2015.

［5］周珠.物流客户服务［M］.北京:中国劳动社会保障出版社,2019.

［6］李满玉.物流客户服务［M］.北京:高等教育出版社,2013.

［7］萧文雅,吴渊清,张烨键.物流客户服务［M］.成都:西南财经大学出版社,2019.

郑重声明

高等教育出版社依法对本书享有专有出版权。任何未经许可的复制、销售行为均违反《中华人民共和国著作权法》，其行为人将承担相应的民事责任和行政责任；构成犯罪的，将被依法追究刑事责任。为了维护市场秩序，保护读者的合法权益，避免读者误用盗版书造成不良后果，我社将配合行政执法部门和司法机关对违法犯罪的单位和个人进行严厉打击。社会各界人士如发现上述侵权行为，希望及时举报，本社将奖励举报有功人员。

反盗版举报电话　　（010）58581999　58582371　58582488
反盗版举报传真　　（010）82086060
反盗版举报邮箱　　dd@ hep. com. cn
通信地址　　北京市西城区德外大街 4 号
　　　　　　高等教育出版社法律事务与版权管理部
邮政编码　　100120

防伪查询说明

用户购书后刮开封底防伪涂层，利用手机微信等软件扫描二维码，会跳转至防伪查询网页，获得所购图书详细信息。也可将防伪二维码下的 20 位密码按从左到右、从上到下的顺序发送短信至 106695881280，免费查询所购图书真伪。

反盗版短信举报

编辑短信"JB，图书名称，出版社，购买地点"发送至 10669588128

防伪客服电话

（010）58582300

学习卡账号使用说明

一、注册/登录

访问 http://abook.hep.com.cn/sve，点击"注册"，在注册页面输入用户名、密码及常用的邮箱进行注册。已注册的用户直接输入用户名和密码登录即可进入"我的课程"页面。

二、课程绑定

点击"我的课程"页面右上方"绑定课程"，正确输入教材封底防伪标签上的 20 位密码，点击"确定"完成课程绑定。

三、访问课程

在"正在学习"列表中选择已绑定的课程，点击"进入课程"即可浏览或下载与本书配套的课程资源。刚绑定的课程请在"申请学习"列表中选择相应课程并点击"进入课程"。

如有账号问题，请发邮件至：4a_admin_zz@ pub.hep.cn。